九型人格

入门篇

〔美〕海伦·帕尔默(Helen Palmer) 著
徐扬 刘建平 译

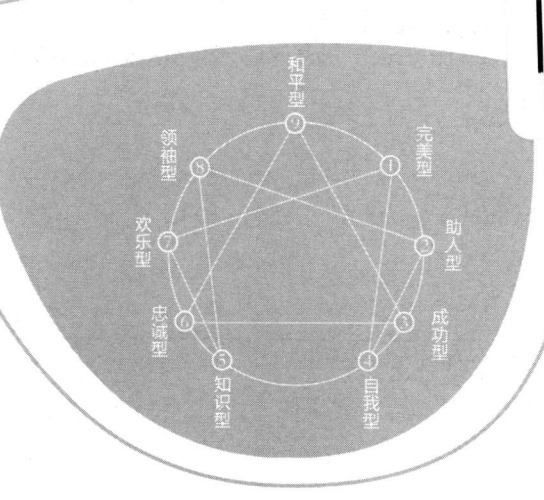

九型人格
入门必读教材

华夏出版社
HUAXIA PUBLISHING HOUSE

图书在版编目（CIP）数据

九型人格. 入门篇 /（美）海伦·帕尔默(Helen Palmer)著;徐扬, 刘建平译.—北京: 华夏出版社,2019.5（2019.9重印）

书名原文: POCKET ENNEAGRAM

ISBN 978-7-5080-9639-1

Ⅰ.①九… Ⅱ.①海… ②徐… ③刘… Ⅲ.①人格心理学-通俗读物 Ⅳ.①B848-49

中国版本图书馆 CIP 数据核字(2018)第 283786 号

The Pocket Enneagram by Helen Palmer
Copyright © 1995 by the Center for the Investigation and Training of Intuition
Simplified Chinese Translation Copyright © 2019 by Huaxia Publishing House
Published by arrangement with HarperSanFrancisco,
An imprint of HarperCollins Publishers through Bardon-Chinese Media Agency

ALL RIGHTS RESERVED
版权所有　翻印必究

北京市版权局著作权合同登记号：图字 01-2016-9542 号

九型人格·入门篇

作　　者	[美]海伦·帕尔默
译　　者	徐　扬
策划编辑	朱　悦
责任编辑	马　颖

出版发行	华夏出版社
经　　销	新华书店
印　　刷	三河市少明印务有限公司
装　　订	三河市少明印务有限公司
版　　次	2019 年 5 月北京第 1 版　2019 年 9 月北京第 2 次印刷
开　　本	880×1230　1/32 开
印　　张	6.75
字　　数	132 千字
定　　价	39.80 元

华夏出版社 地址：北京市东直门外香河园北里 4 号　邮编：100028
网址：www.hxph.com.cn　　电话：（010）64663331（转）

若发现本版图书有印装质量问题，请与我社营销中心联系调换。

contents

目 录

启动九型人格测试 /001

第一章 什么是九型人格 /009

第二章 1号 完美主义者（完美型）/017

1号的世界观：世界是不完美的。我要力图完美。
1号的主要性格特征
亲密关系中的1号：从小他们就把爱与良好的行为划上了等号，认为只有自己的所作所为都是正确的，才能获得爱。
职场中的1号
作为领导的1号：1号领导者的指导思想是质量控制。
作为员工的1号：他们喜欢在拥有良好形象和长期声望的机构中工作。
在团队中的1号："这不是我的错"是1号的口头禅。
1号适合的环境：1号适合从事组织规划和细心对待的工作。
1号不适合的环境：1号不适合从事具有风险性的工作。
1号名人
1号性格的闪光点：1号总是努力把世界变得更美好。
1号的高层心境：完美
1号的高层德性：平静
给1号的建议：1号应该努力发现自己的需要并且满足自己的需要。

第三章　2号 给予者（助人型）/035

2号的世界观：大家需要我的帮助，我是受欢迎的。
2号的主要性格特征
亲密关系中的2号：在两性关系中，2号性格者尤其倾向于为了追求强势伴侣而改变自己。
职场中的2号
作为领导的2号：他们会想方设法让自己与那些行业中的要人结盟。他们确信"认识谁将决定你是否能成功"。
作为员工的2号：哪怕高层领导人员不断变化，他们也总能与领导保持良好关系，还能及时向你传递信息。
在团队中的2号：2号一方面希望获得整个团队的喜爱，一方面又想得到特别的关注。
2号适合的环境：任何能够与权威套近乎，能够让他们对权威给予支持的环境，都是具有吸引力的。
2号不适合的环境：如果工作无法获得认可或赞同，2号性格者肯定不会愿意。
2号名人
2号性格的闪光点：2号性格者能让人们的自我感觉良好。
2号的高层心境：自由
2号的高层德性：谦卑
给2号的建议

第四章　3号 实干者（成功型）/ 051

3号的世界观：这个世界是胜者为王。我只能成功，不能失败。

3号的主要性格特征

亲密关系中的3号：3号总是想通过行动获得爱，所以他们甘愿为夫妻之间的相处做很多事情。

职场中的3号

作为领导的3号：目标是关键，他们不在乎过程。

作为员工的3号：他们为奖金工作，为职位工作。

在团队中的3号：他们的积极表现对整个团队都会产生影响。

3号适合的环境：3号适合工作的环境包括那些通过长年打拼，逐步扩大规模的企业。

3号不适合的环境：3号不喜欢那些没有发展前途的工作，那些不能给他们带来声望的工作，那些与他们的社会形象不相符的工作，以及那些需要通过不断反省和尝试才能完成的创造性工作。

3号名人

3号性格的闪光点：他们吃苦耐劳，尽心尽力，而且他们的努力能够感染其他人去表现得更加出色。

3号的高层心境：希望

3号的高层德性：诚实

给3号的建议：警惕自己成为工作狂。

第五章　4号 悲情浪漫者（自我型）/ 071

4号的世界观：有些东西其他人拥有，而我却失去了。我曾经被抛弃。

4号的主要性格特征

亲密关系中的4号：4号相信在爱的过程中，他们将找到真我，内心的戏剧变化将逐渐消失，他们会变成一个简单而满足的人，能够感受到生命的完整。

职场中的4号

作为领导的4号：4号同样是为了目标和结果工作，但是他们的动机是为了让自己与众不同。

作为员工的4号：他们不喜欢被"同等对待"，他们不会高兴自己成为大众的一员。

在团队中的4号：当4号拥有属于自己的专业领域，同时又受到上层权威的高度认可时，他们的表现是最好的。

4号适合的环境：他们总是对宗教、仪式和艺术充满兴趣。

4号不适合的环境：4号不适合的环境包括普通环境下的世俗工作。

4号名人

4号性格的闪光点：他们有一种独特的毅力，愿意帮助他人走出激烈的情感创伤，而且愿意长时间地陪伴在朋友身边，帮助朋友疗伤。

4号的高层心境：本原联系

4号的高层德性：泰然（平衡）

给4号的建议：当4号开始关注无法得到的事物或者开始在已经拥有的事物上寻找缺点时，就需要及时调整自己的心态。

第六章　5号 观察者（知识型）/ 091

5号的世界观：世界是具有侵略性的。我需要私人空间来思考，来为自己补充能量。

5号的主要性格特征

亲密关系中的5号：他们的基本防御心理就是不要把注意力集中到情感上，因此亲密感会给他们制造紧张。

职场中的5号

作为领导的5号：作为领导的5号从关闭的大门背后通过一排电话来进行领导。

作为员工的5号：他们喜欢一个人完成自己的工作。

在团队中的5号：5号一旦遇到自己感兴趣的问题，就会全身心投入其中，把自己与外界脱离开。

5号适合的环境：他们会是那些古老语言的活字典，常常学富五车。他们也可以成为那些喜欢在夜间工作的电脑程序员，或者是那些在股票交易所幕后控制股票市场的人。

5号不适合的环境：任何需要公开竞争或者直接接触的工作都是5号所不喜欢的。

5号名人

5号性格的闪光点：观察者能够去做自己感兴趣的事情，不管有没有人支持。他们能够在重压之下保持冷静的头脑和清晰的思维。

5号的高层心境：全知

5号的高层德性：无执

给5号的建议：5号性格者需要学会容忍自己的感情，而不是逃避自己的感情。

第七章　6号 怀疑论者（忠诚型）/ 109

6号的世界观：世界是危险的。我质疑权威。

6号的主要性格特征

亲密关系中的6号：他们通过不断的承诺来表现自己的忠诚。

职场中的6号

作为领导的6号：作为领导者的6号在处于逆境中时反而会迸发活力。

作为员工的6号：只要领导对他们诚心，他们就会忠心耿耿。

在团队中的6号：团队中的6号非常关注办公环境中的人际关系。他们的安全感在很大程度上取决于他们是否被他人接受。

6号适合的环境：6号喜欢等级分明的环境。

6号不适合的环境：他们不喜欢那些需要和他人竞争的工作。

6号名人

6号性格的闪光点：为了履行自己对他人的责任和义务，他们愿意做出大量的自我牺牲。

6号的高层心境：信念

6号的高层德性：勇气

给6号的建议

第八章　7号 享乐主义者（欢乐型）/ 127

7号的世界观：世界充满了机会和选择。我憧憬未来。

7号的主要性格特征

亲密关系中的7号：7号喜欢去冒险尝试所有的美好，而不愿去单纯地享受一顿完整的大餐。

职场中的7号

作为领导的7号：成功的7号常常出现在具有创新性、展望性的行业中。

作为员工的 7 号：7 号喜欢均衡的权力，难以服从机构的各种规章制度。

在团队中的 7 号：为团队提供新颖的想法和有关领域的最新发展。

7 号适合的环境：通常，我们不会在例行公务的工作中看到 7 号的身影。

7 号不适合的环境

7 号名人

7 号性格的闪光点：他们愿意去尝试。

7 号的高层心境：工作

7 号的高层德性：清醒

给 7 号的建议：需要认识到自己对快乐的盲目追求。

第九章　8 号 保护者（领袖型）/ 147

8 号的世界观：世界是不公正的，我要保护那些无辜的人。

8 号的主要性格特征

亲密关系中的 8 号：他们把爱情描述为把伴侣保护在自己的羽翼下。

职场中的 8 号

作为领导的 8 号：他们的价值在事业开拓期最为突出。

作为员工的 8 号：他们总是表现得像领导者一样，把真正的领导者撂在一边。

在团队中的 8 号：只要自身领域的控制权没有受到威胁，他们乐于合作。

8 号适合的环境：他们信奉的是黑手党的哲学："我的地盘，我的人。"

8 号不适合的环境：在需要良好表现和严格遵守规则的工作中，很难发现他们。

8 号名人

8 号性格的闪光点：随心所欲，自然流露出真性情。

8 号的高层心境：真相

8 号的高层德性：无知

给 8 号的建议

第十章 9号 调停者（和平型）/ 169

9号的世界观：这世界不会在意我的努力。还是舒服地待着，保持平和心态吧。

9号的主要性格特征

亲密关系中的9号：和一般人相比，9号更了解伴侣的心愿。

职场中的9号

作为领导的9号：9号领导者喜欢听取各部门的建议。

作为员工的9号：他们宁可与大家同甘共苦，也不愿去追逐个人地位。

在团队中的9号：他们能成为团队的黏合剂。

9号适合的环境：对9号有吸引力的环境是那些有条不紊的环境。

9号不适合的环境：很少会有9号性格者去做那些需要光鲜形象、不断自我推销的工作。

9号名人

9号性格的闪光点：他们总是能够为他人找到开启幸福美满生活的金钥匙。

9号的高层心境：爱

9号的高层德性：行动

给9号的建议

第十一章 九型达人晋级必备 / 187

九型人格对应的九种激情

两翼性格

九型人格的动态变化

寻找九型人格关系中的交汇点

精神智慧、情感智慧、本能智慧

启动九型人格测试

请阅读九型人格测试的九篇短文，它们分别为短文 A、短文 B、短文 C、短文 D、短文 E、短文 F、短文 G、短文 H、短文 I。阅读后，请选出你认为描述自己特质最为确切的一篇短文，然后翻到第 7 页"九型人格初步判定"处，寻找你所选短文相对应的人格类型。

九型人格测试短文

短文 A

我的行事方式比较极端，要么是要么不是，尤其是处理那些与我相关的事情。我十分崇尚坚强、诚实还有独立的品质，我相信"眼见为实"的道理。我从不轻信他人，除非他们向我证实他们是可信的。我喜欢别人以直率的态度对待我，不喜欢别人拐弯抹角，我讨厌别人欺骗我，也不喜欢别人指使我。我很难容忍软弱的人，除非我知道其中的缘由或者看到他们正在改进。我也不愿意接受别人的命令或者指示，除非他是我能接受或者认同的权威人士。另外，我不能很好地控制自己，当我生气时我很难掩饰自己的感受。我通常站在朋友和爱人一边，尤其是当他们受到不公正对待的时候，虽然并不是每次都能起到作用，但是我会让他们感觉到我的存在。

短文 B

我对正确性有很高的标准，我希望自己能达到那些标准。我能轻而易举地找出错误，并且知道应该如何改进。我给有些人的印象是过于严厉或者吹毛求疵，如果事情没有按照我所认为的正确方式去做，我将无法接受。假如我答应做一件事，我可以骄傲地告诉你："放心，我一定会把它做好。"虽然平时我的情绪不易外露，但是当别人办事不妥或者行事不公，不负责任时，我也会有不满的情绪。我总是工作在前，享乐在后。而且为了完成工作，我会抑制自己的欲望。

短文 C

我能够全面地看待事物。由于能同时看到事物的利与弊，所以我经常举棋不定。但是凭借这种能力我经常帮助别人解决分歧。有时候这种能力还使我可以更清楚地看到别人的处境以及他们的个人优点，但对于自己我却做不到这一点。当我心烦意乱时我会轻重不分，捡了芝麻丢了西瓜。我不知道对我来说什么是真正重要的，为了避免纷争我会附和别人。所以在别人眼里，我是一个随和的、能让别人快乐的人。通常我不会当面对别人发怒。我喜欢舒适、和谐的生活，我喜欢别人接受我。

短文 D

我对别人的感受很敏锐。我能了解别人的需要，哪怕自己不认识他们。有时候，意识到别人的需要是一件让人灰心的事，尤其是看到别人的痛苦与不幸，而我却发现自己有时是无能为力的。我愿意主动为别人提供帮助，但是有时候我情愿说"不"，因为我往往会因为投入过多的精力去照顾别人，而忽略了对自己的呵护。假如别人觉得我的帮助和付出是为了控制或者操纵他们，我的感情会受到伤害。我希望自己在他人眼里是一个热心肠的好人，但是如果得不到别人的重视和赏识，我会变得十分情绪化甚至有些苛刻。我注重良好的人际关系，也愿意努力营造这种关系。

短文 E

追求完美是我的行事动机，我多年来的成就使我得到了许多赞誉。这一生我做了许多事，而且几乎每件事都是成功的。我十分认同自己的所作所为，因为我坚信一个人的价值在于他的成就和别人对他的赞誉。我总是希望在规定的时间里尽可能地多做一些事，所以为了把事情做好我常常无视自己的感觉，也顾不上反省。因为经常有很多事要做，我难得闲着，也难得休息。另外，我对那些不会利用时间的人缺乏耐心。有时我会从那些办事太慢的人那里抢活干，我喜欢体验高高在上的感觉。我还喜欢竞争。

短文 F

我认为自己是一个性情安静、善于分析的人，我喜欢多花一些时间独处。通常我喜欢在一旁观察事情的进展，而不愿意身陷其中。我不喜欢别人对我提太多的要求，也不喜欢别人了解我的感受。独处时我能更深入地体会自己的感受，而且我经常能从重温旧事中得到经验，这一点在初次尝试某件事的时候是达不到的。独自一人时，我从来不会觉得无聊，因为我的精神生活十分丰富。因此，对我而言，保留独处的时间与精力，过一种简简单单的生活以及尽可能地保持自给自足都是很重要的。

短文 G

我极富想象力，尤其是在安全受到威胁的时候。我常常能发现危险或者有害的东西，而且立刻就可以体验到灾难真正来临时的害怕与恐惧。通常我会避开危险或者避开它的正面挑战。另外，想象力还使我变得机智和幽默。我希望生活变得更确定，但是我经常怀疑自己周围的人和事。我常常能发现别人观点中的失误和不足，因此我猜想有人会觉得我很机敏。我常常怀疑权威，当别人把我当做权威时我会觉得特别不自在。由于我能看出别人观点中的错误，所以我能找出失败者失败的原因。一旦我决定为某人或某个理想奋斗后，我就会死心塌地地去做。

短文 H

我是一个乐观的人，喜欢尝试新鲜有趣的事。我的思维非常活跃，可以在不同的观点中飞速地跳动。我喜欢将这些交织在一起的观点汇合成一张总图。当我将原本不相关的概念联系在一起时我会很兴奋，而且我会花许多精力做这件事。对于无偿的或者重复的事我缺乏耐心与兴趣。我喜欢计划和准备阶段的工作，因为此时会有许多有趣的选择可以考虑。当我对某件事失去兴趣时，我不会继续做下去，而会投入到另一件让我感兴趣的事当中。即使有什么使我沮丧，我也会将注意力转移到令人更愉快的事物上。我相信人们有权利过快乐的生活。

短文 I

我是一个敏感的人，我感情丰富。我经常觉得被人误解，而且感到孤单，因为我觉得自己与别人有所不同。在别人眼里我的所作所为就像是在演戏，而且曾经因为表达过度敏感和夸张的情绪受到批评。我渴望获得彼此的情感交流和强烈的情感体验。但我与别人的关系很难融洽，因为我总是想拥有不可能得到的东西，又总是鄙弃我已经得到的东西。我这一生都在寻求心灵的沟通和理解，却总是由于知己难寻而郁郁寡欢。有时候我很想知道为什么别人比我活得快乐，人缘也比我好得多。我对美学感知敏锐，我有丰富的情感世界。

九型人格初步判定

短文对应的人格类型

请找出与你所选短文相对应的人格类型。

测试短文	九型人格类型	人格类型判定说明
A	类型八	第147~167页
B	类型一	第17~34页
C	类型九	第169~186页
D	类型二	第35~50页
E	类型三	第51~69页
F	类型五	第91~108页
G	类型六	第109~126页
H	类型七	第127~145页
I	类型四	第71~90页

扫码关注"正向改变"，可以进行更多"九型人格"深度测试

第一章
什么是九型人格

九型人格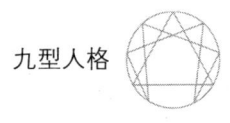

什么是"九型人格"?

"九型人格",在英文中称为 Enneagram。事实上,这是一种非常古老的说法。它来自公元 9 世纪中亚和波斯地区兴起的神秘信仰——苏菲教,这种教义描述了人类所具有的九种性格,解释了不同性格间的互相关系。

我们现在来研究这门古老的学问,用意有三:

★ 它能够帮助我们认识自己的性格特征,让我们更轻松地生活;

★ 它让我们对自己的同事、恋人、家人和朋友有更多了解;

★ 它让我们去发掘不同性格所拥有的潜能,这些潜能包括了爱的能力、感受他人的能力以及先知先觉的能力。

总而言之,写这本书的目的就是让你更了解你自己,帮助你处理你的人际关系,并把你个性中的潜在能力挖掘出来。

"九型人格"的教义认为,在人追求至高觉悟的过程中,人的性格将成为他们发掘自身潜力的导引者。人性的发展是一个包括了不同阶段的完整体系,从最基本的性格特征,到一些不平常的潜能,比如爱的能力、感受他人的能力和先知先觉的能力,这是一个

第一章　什么是九型人格

漫长的演变过程,而本书中出现的"九型人格图"仅仅是这个完整模式的一部分。

我们在阅读此书时,千万不要捡了芝麻,丢了西瓜。仅仅关注九种具体的性格类型,而忽略了导致它们存在的大背景,这是不对的。因为完整的"九型人格"与大部分的意识模式都不同,它强调的是人的性格与人的潜能之间的关系。这整个系统的奇妙之处就在于,一些普通的性格特征,一些常被我们忽略、以为是自然反应的习性,其实正是引领我们进入更高层次自我的通道。

了解我们的先天性格特征至少可以达到两个目的:

★ 首先,它能够让我们提高做人的效率,感觉更幸福;

★ 其次,我们可以学会如何抛开固有性格,让深层的意识得到展现。

我们每个人都与众不同。我们述说的故事各异,但可能都是真相。所谓横看成岭侧成峰,我们从完全不同的视角去审视我们的婚姻、工作和儿女,形成各自不同的观点。

九型人格的作用在于:它能够告诉我们,我们为什么会不同。它能够让我们深入了解自己的性格,理清我们与客户、同事、家人和朋友的关系。这种对自我的洞察会让我们把自己与他人进行比较。当我们在观察那些与我们不一样的人时,我们需要体验到他们的感觉和压力,因为只有当我们站在他人的立场上时,我们才会理解他们的观点。

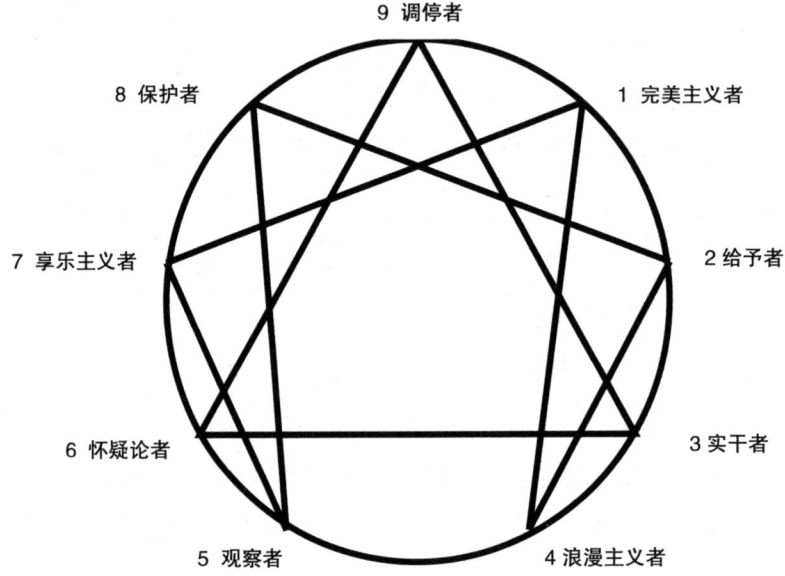

图 1：九型人格的九角星图

1. 完美主义者（The Perfectionist）完美型

对自己和他人都有极高的要求。相信总有一种正确的方法。有一种天生的优越感，认为自己比他人强。因为害怕犯错而犹豫不决，推延行动。经常使用的词是"应该"和"必须"。

此类性格的人在进入高层心境后，可以成为非常睿智的精神偶像。

2. 给予者（The Giver）助人型

要求获得他人的好感和认同。希望成为他人不可缺少的一部分，从中获得被爱和被欣赏的感觉。愿意满足他人的需要。具有很强的控制能力和多样的自我——能够在不同的朋友面前展示不同的自我。具有很强的吸引力，引人注目。

进化后的 2 号性格者乐于助人，赋有同情心。

3. 实干者（The Performer）成功型

希望通过自己的行动和成就来获得他人的爱。乐于接受竞争，追求成就感。总是把自己想象成胜利者并拥有相当的社会地位。注重外表形象，精于打扮。把真正的自我与工作角色混为一谈。看上去往往比实际上更出色。

进化后的 3 号性格者能够成为有效的领导者、优秀的组织者、能干的推销者和胜利团队的领军人物。

4. 悲情浪漫者（The Tragic Romantic）自我型

被不切实际的幻想所吸引；理想状态永远不是此时此地。性格内向、忧伤、敏感、具有艺术气质。会因为失去一个朋友而伤心不已，也会痴心于一个不存在的恋人。

进化后的 4 号性格者在生活中富有创造力，宁愿自己受苦，也要帮助他人。他们热衷于美的事物和充满激情的生活。

5. 观察者（The Observer）知识型

总是在情感上与他人保持一定的距离。注重对自己隐私的保护，不愿被牵扯到别人的生活中。宁愿脱离，也不愿参与。对自己的义务和他人的需要感到疲惫。喜欢把责任和义务分清楚，不愿意接触其他人和事，也不愿去体验感情。

进化后的 5 号性格者可以成为优秀的决策制定者、象牙塔里的学者，以及自我约束的修道士。

6. 怀疑论者（The Devil's Advocate）忠诚型

用怀疑的目光看待一切，因为怀疑而害怕，而疲惫。用思考代替行动，在采取行动的时候犹豫不决，害怕受到攻击。他们对失败的原因非常敏感。反对独裁。愿意自我牺牲，而且非常忠诚。怀疑的态度会产生两种极端：恐惧症型的 6 号性格者会非常犹豫不决，觉得自己受到了迫害，并急于屈服以保护自己；反恐惧症型的 6 号性格者虽然也一直处于顾虑之中，但是他们能够站出来面对恐怖，以积极主动的方式化解疑惑。

进化后的 6 号性格者能够成为团队中的好成员、忠实的战士和朋友。当他人在为自身利益工作时，他们会为了某种理想而工作。

7. 享乐主义者（The Epicure）欢乐型

他们是童话中的小飞侠（Peter Pan），那个像孩子一样天真的成年人；他们是恋青春狂（puer aeternus），渴望永远年轻。他们对任何事都是一知半解，不断更换恋人，感情肤浅，爱好冒险，喜欢美食与美酒。他们从来不愿意做出承诺，总是希望拥有多种选择，总是希望处在情绪的高潮中。他们是乐天派，喜欢前呼后拥的感觉，做事常常半途而废。

进化后的 7 号性格者可以成为优秀的综合管理者、理论家、也可以成为一个多才多艺的人。

8. 保护者（The Boss）领袖型

具有很强的保护能力。愿意保护自己和朋友；积极好斗、主动负责、喜欢挑战。无法控制自己，公开地发泄怒火，展示自己的力量；对于愿意站出来接受自己挑战的对手充满敬意。与别人的接触方式是通过性爱和面对面的冲突。过度的生活方式：熬夜、暴饮暴食、大声喧哗。

进化后的 8 号性格者可以成为出色的领导者，尤其擅于扮演那种孤胆英雄的角色。他们也可以成为他人强有力的支持者，愿意为朋友扫除前进道路上的一切障碍。

9. 调停者（The Mediator）和平型

自身充满矛盾；考虑各方观点。愿意放弃自己的观点，接受他人的想法；放弃真正的目的，去做一些没必要的琐事。极易沉迷于食品、电视和酒精。对于他人的需求十分敏感，往往比他人自己更

了解；对于自己却不确定，不知道自己是否应该出现在某个地方或某个团队中。为人亲切，不会直接发脾气。

进化后的9号性格者能够成为优秀的调解员、顾问、谈判者，只要不偏离方向，就能取得好成绩。

第二章
1号 完美主义者
（完美型）

1号的世界观
世界是不完美的。我要力图完美。

1号的主要性格特征

■ 内心的正确标准变成严格的自我要求。不断产生自责的思想。

■ 有一种强迫性需要，只接受正确的事情。

■ 做正确的事情。

■ 在自身的高层道德和伦理观念上拥有坚定的信仰。要做一个更好的人。要求自己做芸芸众生中少数的能做正确事情的人。

■ 对于那些不符合正确标准的需要置之不理。

■ 在思想上把自己同他人比较："我比他们强还是差？"在意他人的批评："他们在评判我吗？"

■ 做决定时犹豫不决，害怕做出错误的决定。

■ 不切实际的社会改良家。把因为自身需要未被满足而产生的怒气转移到其他外在目标上。

■ 发展出两个自己：一个事事操心的自己，住在家里；一个尽情玩乐的自己，出现在遥远的陌生地。

第二章　1号 完美主义者（完美型）

■ 通过改正错误而获得关注，将导致：

- 超强的批评力量；
- 意识到潜在的完美可能，变成事后诸葛亮，"想想看原本该是多么完美"。

完美主义者生活在一种被寄予高度期望，但却得不到奖赏和回报的环境中。在这样的环境中，尽管他们会因为错误而受到批评，他们也只会把批评视作一种修炼。为了成为一个完美的人，他们必须做出大量自我牺牲，并从内心对自身严格控制。最终，获得奖赏的快乐会被自我控制的快乐所淹没。

1号性格者说，他人的批评是一种极大的痛苦，因为他们已经饱受自责的折磨。

让1号性格者说出赞许或恭维他人的话，也是一件困难的事情，因为他们会在与他人的比较中，感到自身的渺小。

1号从小就强迫自己要服从大人的行为标准，他们骨子里对正确的追求会让他们十分在意自己的衣着或言语是否合适，会让他们关注细节，会让他们对任何问题都喜欢刨根问底，喜欢钻牛角尖，喜欢从鸡蛋里挑骨头。

在1号性格者看来，只有严格的自我监督，让每一步都做得完美无缺，才能实现目标，赢得赞美。

对自己和他人都有极高的要求。相信总有一种正确的方法。他们有种天生的优越感，认为自己比他人强。往往因为害怕犯错而犹

豫不决,推延行动。

此类性格的人在进入高层心境后,可以成为非常睿智的精神偶像。

当1号性格者感到浑身僵硬,态度变得异常礼貌时,你知道他们的愤怒正在滋生。当他们愤怒时,他们会寻找证据来支持自己的愤怒。1号必须证明自己生气是有道理的。他们说愤怒来自于曾经遭受的冤屈。宽恕就好像是在假装错误从未发生。如果你宽恕错误,忘记错误,你就可能一错再错。

聪明的解决办法就是让自己安心。承认过去的错误,好好研究它。"那是过去的事。现在是现在,但是没错,我记得。"

承认错误同样会给自己带来安全。如果1号因为某些无法表达的事物而感到愤怒,过去的一点小问题就有可能成为爆发点。学会识别自身被隐蔽的情感信号,比如愤怒和性吸引,对于1号来说,可能需要花一辈子的时间。

他们的感觉说:"我好像是插了塞子的瓶子。所有的事情都被封在瓶子里,我无法让它们出来,但是我不生气。"

他们的思想说:"能量太多了。我已经管不了了。我要走了。"

说出自己的身体感觉很重要。1号可以先从最明显的感觉开始。"腹部很紧。大脑空白。"然后不断放松自己,重新组合自己。这些感觉有可能帮1号找到自己的愤怒。

第二章　1号 完美主义者（完美型）

亲密关系中的1号

一个完美主义者最深层的需求，就是拥有爱，哪怕是不完美的爱。从小他们就把爱与良好的行为划上了等号，认为只有自己的所作所为都是正确的，才能获得爱。正因为如此，1号性格者常常觉得自己是不惹人爱的，因为他们总觉得自己不完美。他们也很难相信有人会爱上他们，接受他们性格中的优点和缺点。

完美主义者总是认为自己的礼仪或习惯中，有一些让伴侣感到讨厌的地方。所以他们越是进入亲密状态，就越紧张。他们监督自己的一言一行，希望把自己的缺点掩藏起来。当这种紧张加剧后，1号性格者会特别害怕遭到拒绝，出于自我保护，他们会开始对自己的伴侣评头论足。矛盾产生了，一想到伴侣迟早会离开，他们会说"我们还不如现在就分手，干嘛还要发展下去？"

1号性格者总是无法察觉自己的怒火，虽然他们什么都没说，但是他们的肢体动作已经暴露了他们的愤怒。而且他们不知道，他们在不经意间对伴侣做出的批评，会有多么伤人！

完美的1号总是在寻找完美的爱情。他们难以接受一个既拥有优点又拥有缺点的人。他们努力打造最优秀的爱情。他们会重新对自己的伴侣进行包装，忘记对方性格中的缺点，让自己忘记任何人都是一个优缺点的混合体。一旦他们发现了某人的优点，完美主义

者就会坚信自己能够把对方身上不完美的地方去掉。很多完美主义者说，当他们陷入爱河时，他们内心的批评家好像沉睡了。

然而一旦1号性格者不再想从亲密关系中得到什么，或者他们感觉受到威胁或心存嫉妒时，他们就会立刻发现伴侣身上的缺点。内心批评家会重新戴上挑剔的眼镜。为了发泄被压抑的挫败感，完美主义者开始监控伴侣的行动，约束他们的行为，强迫他们改变。

一方面，完美主义者一旦发火，就往往一发不可收。如果1号觉得伴侣让他们难堪，或者明显违背了某项原则，他们就会变得非常生气，再也无法发现对方好的一面，过去的积怨也会爆发出来。只要他们觉得现有的愤怒还没有完全发泄出去，他们就会不断争吵、发脾气。

另一方面，完美主义者对于那些能够承认自己错误的人会非常负责。只要对方承认了错误，完美主义者内心的挑剔就会消失。不仅如此，如果他们能够感受到对方的良好意图，以及为弥补错误所付出的努力，他们就会变得十分忠诚。

职场中的1号

在工作中，1号性格者往往表现出：

- 喜欢具体的指导和安排，恐怕出现漏洞。

第二章 1号 完美主义者（完美型）

- 要实干。把抽象的方法变成一步一步的具体措施。
- 喜欢安排和责任，要明确谁对什么负责。
- 关注细节，把过多精力投入到细节上而忽视了产品本身。
- 注重与道德有关的表现——纪律、礼貌、形象、尊重。
- 关注点总是工作本身而不是工作中相互之间的关系。
- 能够注意到工作中的关键问题，但是很难及时给出一个全面地解决方案。总是担心有太多的错误存在。
- 在常规的角色中感到安全。尊重工作中的权威关系和等级关系。
- 重视简历和个人纪录。"优秀的人才一定有优秀的历史。"
- 专注于工作是为了自己。快乐来自于出色完成的工作。
- 为了正确的目标、优秀的领导、出色的团队而努力工作。
- 把自己的付出与他人的付出进行比较："如果他们做，我就做。如果他们不做，我也不做。"
- 喜欢记录。关注他人的工作是正确还是错误。如果他人是在做"正确的事情"，就会出手帮助；如果他们是错误的，就会置之不理。
- 认为付出就该有所收获。"我应该受到尊敬和特殊对待，因为我为这个世界做出了贡献。"
- 希望因为自己的付出和成就获得奖赏，但是又不会主动去要求。如果没有得到认可，可能把愤怒发泄在一些细小事情上。通

过发现他人的过错,来安抚自己。

- 难以承担责任。担心工作无法做好。
- 不希望因为他人的错误而受到威胁。在没有发现错误根源之前,会和周围划清界限,远离错误。
- 害怕自己犯错误。会去争夺权力,争论谁是正确的。
- 推卸责任。"那是有原因的""那不是我的错"。
- 避免危险。危险导致错误。如果有疑虑,就静观事态发展,不会冒险。
- 积极支持那些在工作中处于劣势或通过自身努力获得提高的人。

作为领导的1号

1号性格者的指导思想是质量控制。质量和控制是紧密相连的。监督是关键。领导力是通过制定一个完美计划,明确各部门的责任开始的。各部门经理会得到清晰的指示,让他们一步一步去实现预定计划。交谈都是围绕着计划进行的。关键的问题是,谁该负责?

1号从出色完成的工作中获得快乐。他们喜欢独自工作,能够坐在办公桌前好几个小时都不起身。他们忙着制定各种名单、

第二章 1号 完美主义者（完美型）

计划和图表，仔细考虑各种可能性，分配责任，并制定应对问题的策略。修改一个方案对1号领导来说是很困难的。因为他们只能够在制定计划的初期接受新的信息，一旦计划开始实施，他们就倾向于让一切按部就班，按照原定计划执行，而不愿进行改变。他们的思维不再灵活。一个预先制定的解决方案感觉要比一个新的设想更安全。他们那种非黑即白的思维方式让他们更容易看到符合他们计划的信息，外人很难转移他们的注意力，让他们改变想法。

典型的1号领导方式在制作计划和设立结构时是非常有效的，但是如果需要现场拍板或者处理复杂的新情况时，就不那么有效了。如果要想让一个严格按照计划执行的1号领导有所改变，我们只能在重申原有计划的同时，加入一些小小的建议。不要把所有问题都公开。你只能一步一步让旧计划向新计划靠拢。1号在工作实施中需要能够提出好建议的人。这些人应该不断地把问题提出来，帮助1号进行决策。如果1号领导者能够依赖一个值得信任的同僚，他制定决策的痛苦过程就会大大缩短。

1号往往是通过自身的努力奋斗才一步一步上升到领导者的位置，因此他们也会很注意自己员工的表现。诚实、忠于家庭、良好的外表和尊重权威是为1号领导者工作的基本条件。

九型人格

作为员工的 1 号

1 号认同的是完整的工作。他们喜欢在拥有良好形象和长期声望的机构中工作。他们希望自己的技能和优点能够得到赏识。他们不是积极主动的人,所以他们希望别人能够主动发现他们。

让 1 号对现状提出批评并不难,但是让他们提出新的方案却很难。不过,在已经明确的指导框架下,他们还是十分具有创新性的。新的想法或者改变必须伴随有可以执行的指导计划。如果指导计划告诉 1 号如何灵活处理,1 号就能够灵活处理。他们不喜欢那些笼统的,有很多不同选择的要求。他们只接受明确的选择,一对一的方案。

1 号的理想工作过程就是在工作开始之前,已经把每一步都安排好了。他们无法忍受那些经常会出现的波动、错误和失败。

1 号更愿意去帮助其他陷入困境的人来解决问题,而不愿去承认自己的问题。1 号是天生的老师。他们对于那些渴望进步的人非常敏感,愿意提供帮助,而且具有高度的耐心。

在公开场合提出问题可能令 1 号感到威胁。他们宁愿把操作手册带回家,自己去琢磨一晚上,也不愿向他人提问寻求答案。

第二章 1号 完美主义者（完美型）

在团队中的 1 号

在团队中的 1 号需要知道自己是正确的。矛盾会让他们痛苦万分。但另一方面，他们也会在矛盾和争执中成长，并最终达成一致。

同事间的矛盾主要集中在 1 号对正确性的追求上。"这不是我的错"是 1 号的口头禅。他们那种高高在上的作风也容易引发冲突。很多人抱怨 1 号总是不愿去接手别人的工作。

如果团队中存在自私自利的人，1 号的参与度就会受到影响。如果他们的工作是为了让他人获利，1 号是不会卖力工作的。最好的办法就是让团队中的每个成员都有清楚的角色，做到权责分明，同时要强调大家在一起是作为一个团队在工作，而不是为了某一个人工作。同样，如果整个团队的实力很弱，1 号也不会全力以赴，他们最多做到和大家一样。这时，聪明的领导者需要让 1 号把注意力从竞争和与他人的比较上转移到自身技能的提高上。

如果团队中的其他人都训练有素，1 号也会积极努力地工作。他们热爱积极的工作态度，当他们感到棋逢对手，感到自己的能力和付出能够与自己尊敬的人相媲美时，他们的状态是最好的。

1号适合的环境

1号性格者适合从事需要组织规划和细心对待的工作，比如教学、会计、组织结构设计和长期规划工作。1号喜欢以礼相待、有法可依、有规可循的社会环境，因此他们可以成为研究者、文法家和传教士。1号还倾向于从事那些制定并监督程序的工作，比如道德规范委员会、仲裁委员会以及天主教的道德审查会等。

1号不适合的环境

1号性格者不适合从事具有风险性的工作，比如风险决策制定或者其他需要个人担当的工作。他们也不适合从事必须接受大量不同观点，或允许不同观点存在的工作。此外，1号性格者也不擅长根据变化不定或者不完整的信息来制定决策，他们的决策必须建立在清晰明确的指导方针上。

1号名人

1号性格者中的名人有埃米莉·波斯特，她是美国著名的礼仪专家，为美国人的礼仪规范制定标准。她的听众都是那些能够把自身矛盾放到一边，专注于自己的礼仪，在餐桌上摆出笑脸的人。

其他著名的完美主义者还包括：

★ 爱默生（Ralph Waldo Emerson）：1803－1882，美国作家、哲学家和美国超越主义的中心人物。

爱默生
Ralph Waldo Emerson

★ 肖伯纳（George Bernard Shaw）：1856－1950，英国著名戏剧家。

肖伯纳
George Bernard Shaw

★ 狄更斯（Charles Dickens）：1812－1870，英国著名现代主义小说家。

狄更斯
Charles Dickens

九型人格

★杰里·福尔韦尔（Jerry Falwell）：美国著名的保守派牧师和积极的政治问题评论员。

杰里·福尔韦尔
Jerry Falwell

★马丁·路德（Martin Luther）：1483-1546，德国神学家、欧洲宗教改革运动的领袖。

马丁·路德
Martin Luther

1号性格的闪光点

1号性格者致力于有价值的目标。一旦决定了某个正确的目标，或者感受到他人的好意，他们就会通过忘我的工作来让他人感到满意，而不会像有些人只会为权力和安全感工作。他们的内心总是渴望着做好事。尽管有时候他们那种"我比你行"的逞强态度让人讨厌，尽管有时候他们会表现出不切实际的热情，但他们的确愿意为改善工作而付出长久努力。

由于1号性格者总是努力把世界变得更美好，他们往往是非常敬业的老师。他们追求精益求精，也希望能够教导他人去追求最好。他们相信人们在获得正确的信息后，就会改变生活状态。

他们会坚守标准，不会妥协和退步。因为他们总是坚信"惟一正确性"，他们在团队中的形象总是很明显，要么是激进的左派人士，要么是保守的右派人士。

完美主义者的挑剔和批评可以被轻而易举地化解，只要其他人能够承认错误或者承认实力不济。对于那些工作努力，却又受到错误困扰的人，1号会拿出百分之百的耐心。对于那些主动承认错误，并愿意改善自己的人，他们也会笑脸相对。

1号的高层心境：完美

1号性格者的痛苦多半来自他们内心的比较。他们总是对现实与理想之间的差异十分敏感。他们觉得自己担负了把普通现实与完美理想联系起来的使命。在他们眼中，这个世界非白即黑，要么是完美的，要么就是有着致命缺陷的。他们的痛苦来自于完美与现实的落差，就好像一个美丽可爱的天使突然跑去玩泥巴了。

如果1号性格者能够说出"对你正确的事情，对我不一定是正确的"，那他们就在性格的成长中迈出了飞跃性的一步。

如果辛劳工作只会导致更多辛劳工作，他们的内心就会产生不满。一旦发现良好德行并非获得认可和奖励的必要条件，1号性格

者通常会感到震惊。让他们放弃"惟一正确性"的想法,就好像让他们放弃抵御未知仇恨和欲望的最后一道屏障。

1号的高层德性:平静

1号性格者总是把自己描述成体内充满能量,却又无法释放出来的人。

如果他们能够让所有的冲动和欲望暴露出来,他们就能获得一种平静的心态。在这种心态中,他们每时每刻都处于平衡之中。所有正面和负面的感觉互相交织,在身体内自由流动,无需躲避理性的自我。

紧张情绪的释放,让他们能够暂时充满活力,自由体验内心的感受,而不去做任何判断。当不满的情绪战胜内心的批评家,他们就能获得暂时的平静。他们会放下所有防线,让感觉自由流趟。

给1号的建议

1号性格者不愿意接受心理治疗,因为他们不愿承认自身存在错误。1号性格者可以通过下列的方式帮助自己:

第二章 1号 完美主义者（完美型）

◆ 不要强迫自己做事；不要把自己的工作安排得满满当当，以至于没有时间思考真正重要的需求。

◆ 需要对内心的严格标准进行修改。需要对规则提出质疑。

◆ 不要把自己的洞察变成对自己的攻击。"我怎么会连自己的错误都发现不了？"

到现实中去找答案。如果觉得其他人在对自己品头论足，那就直接找他们问问清楚。如果感到自己的担忧在加剧，就去寻找事实信息来消除不必要的焦虑。

1号性格者的怒气，以及他们对自己和他人的判断，都来自于他们未被满足的个人需要。1号性格者应该努力发现自己的需要并根据自己的真实需要来行动。在改变自己的时候，要尤其注意下列不良现象：

◆ 感到有两个自己存在，一个很快乐，一个很严厉。

◆ 对个人的希望毫无察觉。

◆ 因为察觉到自己内心的怒火而感到焦虑，"我设法不要对别人发脾气。"

◆ 把时间都占满了，没有给快乐留下时间。

◆ 犹豫不决。把简单的问题复杂化，不愿做出最后的承诺。

◆ 被压抑的需求找不到表达途径，导致自身压力不断增大，不满情绪随之增强。

◆ 需要从环境中找到错误。

◆ "焦土政策"（一种在战争中实行的自我破坏政策）。一旦发现错误，就要求全部返工。无法妥协。因为楼梯的位置不对，就非要把整栋房子都拆了。

◆ 为了平衡内心对自身的批评，对他人的抱怨越来越多。

◆ 注意力僵硬。把所有的注意力都放在生活中需要改进的地方，对其他方面毫不关心。把内心的冲突抛在脑后。

◆ 无法忍受多样的观点。"我认为事情只有两种结果，不是正确，就是错误。"

第三章

2号 给予者
（助人型）

2号的世界观
大家需要我的帮助,我是受欢迎的。

2号的主要性格特征

从孩童时代起,2号所关注的就是如何通过讨好他人来保护自己。他们希望获得他人的好感和认同,希望成为他人不可缺少的一部分,从而获得被爱和被欣赏的感觉。2号具有很强的控制能力和多样的自我——能够在不同的朋友面前展示不同的自我。具有很强的吸引力,引人注目。

2号性格者的主要特征包括:

■ 争取得到他人支持,避免被他人反对。

■ 对自己的重要性感到骄傲。"他们没我不行。"

■ 对自己能满足他人的需要感到骄傲。"我不需要任何人,但是他们都需要我。"

■ 对自己为了满足他人而扮演的多个角色感到困惑。"我的每个朋友对我的看法都不同。""哪一个我才是真正的我?"

■ 对自己的需求感到困惑。"我能够变成你期望的样子,但我对你的真实感觉是什么呢?"

- 把性吸引力当成一种获得认可的保证。"我并不想和你发生关系,但我知道你很想。"
- 对"成功的男人"或"出色的女人"十分依恋。
- 渴望获得自由。感到自己被他人的需求所控制。
- 当自己的真实需要与为了满足他人而扮演的角色发生冲突时,会变得歇斯底里,爱发脾气。
- 这种改变自己来满足他人的方式,可能会导致
  - 能够体察他人的感情,或者
  - 强迫自己改变以确保获得他人的爱。

2号性格者在童年时代通过满足他人的愿望来获得爱和安全感。为了寻求他人的认可,他们建立了一套灵敏的雷达系统,能够迅速探测到他人的情绪和喜好。

对于2号性格者来说,他们的生命之窗就是朝向他人打开的。2号关注的是他人的想法、他人的潜能、他人的需要。在2号的生长环境中,讨好他人是一种谋生技巧。他人的需求被大声说出来,而2号则忙着改变自己来满足这些需求。他们通过改变自己来让他人高兴,他们非常愿意为他人提供支持,并因此而感到骄傲。

2号努力让自己成为受欢迎的人。他们积极寻找能融入到他人中间的方式。

2号性格者通过他人的眼睛来评价自己。他们通过与他人的关系来确定自己的身份,就像3号性格者(实干者)是从工作中来确

认自己的身份一样。2号习惯于关注他人的看法，这让他们对于爱人的感受异常敏感。不管他们的理解是否准确，给予者总是会习惯性地把一部分注意力放在他人的感受上。这种从外界寻找参考的做法可以让2号具有一种能够感知他人的能力；当然，也可能让2号陷入迷茫的境界。

2号调整自己的感情去适应他人，通过这种调整，他们能够确保自己更受欢迎了。他们甚至会强迫自己改变习惯，被迫放弃自己的需要，来换取他人的关爱。

给予者确信，要想生存下去，就必须获得他人的认可。他们把人际关系视作维持生存的最重要条件。他们知道该如何表现自己，才能受到欢迎。这种迎合有时也会成为他们的负担，因为他们的内心并不情愿牺牲自己的真实需要。2号是舞台上的演员，他们所展示的只是他人想看的，而并非真正的自己。正因为如此，2号也会时常感到自己是在愚弄他人。

2号性格者觉得自己拥有多个不同的自我，为了满足那些重要人物，他们可以扮演不同的角色。这些不同的自我有时也会让他们产生混乱和困惑。

由于给予者总是在压制自己的需求来满足别人的需求，所以他们往往会对自己的伴侣，或者处于强势的人，产生强烈依赖感，以平衡内心的失落。与权力的联系能够保证他们的生存，还能让他们维持给予者的形象。

第三章 2号 给予者(助人型)

2号性格者可以成为很好的帮手和意见给予者。但是如果他们出色的支持没有得到回报，他们很可能变成幕后的权力操纵者。

进化后的2号性格者乐于助人，富有同情心。

亲密关系中的2号

在两性关系中，2号性格者尤其倾向于为了追求强势伴侣而改变自己。他们可以完全放弃自己过去的生活和兴趣爱好，把注意力全部集中在伴侣所期望的形象上。但是当他们为了讨好对方而改变时，他们自己又会产生一种失去自我的失落感。

在两性关系的初期，2号会为了讨好对方而按照他或她的方式生活。但是到了关系发展的后期，他们就会感到自己被对方的意愿所控制，就会产生一种强烈愿望，想要从中解脱出来，重获自由。所以当关系发展成熟后，他们经常会歇斯底里地突然发怒，因为在求爱阶段被遗忘的自我又开始浮现出来。

在两性关系中，挑战是一个关键词。一个经验丰富的诱惑者需要挑战的刺激，才能把自身能量全部激发出来。

2号性格者在面对一段具有挑战性的关系时，他们的表现最抢眼。对方越是难以接触，2号性格者就越会想办法去靠近，他们完全忽视了自己的感觉，把自己打扮成迎接挑战所需要的模样。

当两性关系中的挑战消失后，2号性格者的注意力就从如何讨好对方，转移到了与对方相处的感觉上。当他们追求的对象终于向他们敞开大门时，他们会恍然发现，自己很多部分都被关在了门外。他们开始反对伴侣想要得到的一切，因为他们发现自己为了讨好伴侣而出卖了真正的自我。

一旦他们开始觉得两性关系变成了束缚，他们会变得异常独立，为自己而战。在这一时期，他们要求苛刻，容易发脾气，而且不再去理会对方的要求。他们期望能够重新激活被遗忘的自我。他们会去做那些令伴侣感到失望的事情，甚至会去寻找新的爱情。

2号性格者还极有可能成为伴侣的监控者。当他们希望控制双方关系时，他们会对伴侣给予过度的关怀。他们要充当成功的给予者，而伴侣就是被关爱的对象，这种关系可能很难摆脱。

2号通常会被三类人所吸引：拥有美丽外表的人、潜在的成功人士或者身处逆境的人。在一份安全的爱情中，2号努力把他人推上成功的宝座，借此来激发自己的才能。他们会想方设法吸引那些他们想要帮助的人。

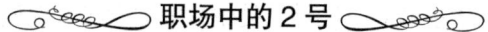

职场中的2号

在工作中，2号往往表现出：

第三章 2号 给予者（助人型）

- 希望通过权威的肯定来证明自己。可以成为领导的得力助手，掌握内部秘密的秘书，权威背后的力量。

- 非常在意认可和鼓励。否认就是致命打击。

- 关注办公室里的一举一动，是各类消息的通风管。聚会的组织者，知道什么时候该发出请柬。

- 与"有价值"的人结交。躲避那些无用的人。

- 掌握复杂的办公室生存策略。支持受欢迎者。思想上常常会因为争第一的野心和讨好他人的想法而产生冲突。

- 为了得到行业内重要人物的尊敬而工作。

- 安全感来自于讨好权威。害怕独自对抗权威。

- 选择某份工作的原因可能仅仅是因为伴侣很看重，而不在乎自己是否感兴趣。

作为领导的 2 号

尽管 2 号中的很多人选择站在权威的背后，但一旦走上领导岗位上的他们却是有效的领导者，那些有前途的新方向和有潜力的天才吸引着他们的目光。他们的事业成功依靠的是关键人物发挥作用而不是整个机构的努力。他们期望在悉心照顾下建立一个生机勃勃的群体。

2号会建构自己的内集团和外集团，如果可能，2号的决策会倾向于他们青睐的人。

作为企业领导者的2号追求的是权力和成功。他们的雄心壮志就是要让自己享有声誉，为此他们会想方设法让自己与那些行业中的要人结盟。他们确信"认识谁将决定你是否能成功"。一个追求声誉的领导者更愿意与他人结盟，而不是站出来与他人直接对抗。2号有一种感知他人需求的潜意识，他们的对抗方式就是与权力结盟。

给予者也可以是具有高度竞争性的。2号需要得到认可，需要让他人看见。他们的进攻是在提供帮助的外表下进行的。他们是公众关注的人物，他们不断追寻公众的认可，但是看上去又好像他们根本不在乎。他们对于办公室里的气氛十分敏感，会运用自己的热情和个人魅力来打造他们需要的工作环境。在这方面，2号不会吝惜成本，钱当然很重要，但如果你认为成功的关键在于良好的人际关系，你就会在生活上表现得很大方。

这种领导方式强调的是发现并满足客户的需要。如果需要发生了改变，组织结构也会进行相应的调整。关注的焦点在于客户的满意度。2号要选择客户喜欢的形式来展示自己的产品或服务。给予者会把工作中复杂的报告程序最简化，他们注重的是人与人的互动。相比之下，在一个互动环境中，他们的工作效率要比在一个孤立环境中高得多。2号常常会通过与自己信任的顾问进行讨论来制定决策。

第三章 2号 给予者（助人型）

幕后操控是 2 号的典型策略。间接地参与领导要比直接面对对手的敌意和拒绝更轻松。通过扮演管家的角色，2 号能够自由观察，试探他人。他们完全认同当权者的安排，还会在组织内部发展一个强大的内集团网络。这是一个完美的权力位置。他们的建议决定了什么样的需求能够得到满足。他们能够帮助整个内集团，同时又能维护他们的自身利益。在面对压力时，他们会让内集团的成员齐心协力。

2 号经常喜怒无常的。任何不尊重的暗示都可能惹恼他们。骄傲让他们难以耐心等待，难以循规蹈矩地跨越障碍，难以忍受因为琐事而放慢脚步。一旦他们感到自己被小瞧了，他们平日的慷慨和积极态度转瞬之间变成无法控制的愤怒。同样，他们还可能把个人情绪带到工作中来，影响到整个工作群体。与家人吵架的情绪会让他们在工作中闷闷不乐。

作为员工的 2 号

作为员工的 2 号是办公室里快乐的财富。他们能够出色地代表你完成任务，能够提供建设性的意见，还有强劲的精力去保护你的利益。他们在幕后支持你。他们了解每个人，而且可以动员大家支持你。哪怕高层领导人员不断变化，他们也总能与领导保持良好关系，还能及时向你传递信息。他们对所属部门忠心耿耿，是不可或

缺的盟友。在提升晋级上，没有人能比得上一个快乐的2号。

如果公司老板把员工当仆人使唤，给予者就很难快乐地工作。他们的付出得不到积极回报，他们就会失去兴趣。这让他们更加倾向于间接发挥作用，或者操纵他人的意愿。2号总是让自己去迎合他人的梦想，他们的前进之路总是开始于协助他人。

2号有时会对自己的贡献沾沾自喜，把自己当成重要人物。出席会议，提几条有用的建议，这些并不意味着你就成了领导者，但是对于那些高估自己影响力的2号参与者而言，可能就是这样。

2号雇员在工作的初期必须得到强大支持。一旦步入正轨，2号会表现得非常出色。

在团队中的2号

在团队中，2号一方面希望获得整个团队的喜爱，一方面又想得到特别的关注。要赢得整个团队的喜爱，就意味着要和其他成员兴趣相投。但实际上，2号往往会把其他成员看作竞争对手，他们总是在寻找能够获得高层青睐的机会。

2号真正的动力来自于情感。情感上的关注让他们感觉像吃了蜜糖一样甜蜜。是否有某个2号认为重要的人关注他们工作的结果，是他们的积极性直线上升的动力。他们需要的不仅仅是工作，

第三章 2号 给予者（助人型）

而是与工作产生情感上的联系。他们最胜任的工作，就是去研究、推广、讨论某个与他人关系密切的项目。

2号适合的环境

对2号性格者来说，任何能够与权威套近乎，能够让他们对权威给予支持的环境，都是具有吸引力的。他们可以成为某个宗教领袖的门徒，可以是摇滚歌星的粉丝，可以作总裁的秘书，或者其他领导人物的得力助手。

他们也很愿意为一个大群体的利益服务。他们可以成为平民利益的呼吁者，社会服务的自愿者，还可以从事其他有帮助性的行业。

他们容易卷入三角关系中，成为插足的男人或女人。他们还可以从事其他展露个人魅力的工作，比如化妆师、歌舞团的女演员或者个人色彩顾问等。

2号不适合的环境

如果工作无法获得认可或赞同，2号性格者肯定不会愿意。比如，你很难看到一个2号性格者会在讨债公司工作，除非他或她正

 九型人格

在与公司老板热恋。

2号名人

美国女歌星麦当娜（Madonna）就是 2 号性格者，她的造型总是非常性感，她的第一张专辑就取了一个大胆无比的名字《宛如处女》（Like a Virgin）。

麦当娜（Madonna）

其他著名的 2 号性格者还有：

★ 猫王（Elvis Presley）：1935—1977，美国著名摇滚歌星，以富有魅力的风度对美国大众文化产生极大影响。

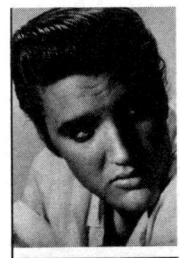

猫王
Elvis Presley

★ 伊丽莎白·泰勒（Elizabeth Taylor）：以美貌著称的好莱坞著名女星，主演《埃及艳后》等多部电影。

伊丽莎白·泰勒
Elizabeth Taylor

★抹大拉的马利亚（Mary Magdalene）:《圣经》中的人物，原为妓女，被基督拯救和赦免后，成为圣女。

★杰里·刘易斯（Jerry Lewis）：美国当代著名喜剧演员。

杰里·刘易斯
Jerry Lewis

★多莉·帕顿（Dolly Parton）：美国著名乡村女歌手。

多莉·帕顿
Dolly Parton

2号性格的闪光点

2号性格者能让人们的自我感觉良好。他们有能力让他人展现出自己最好的一面。他们的积极和热心，能够让那些原本困难的变化变得容易起来。人际关系在给予者的生活中是最重要的。他们会想方设法处理好自己的人际关系，不管是通过对抗、诱惑，还是满足他人需要，或者制造大量麻烦。他们会生气，但是不会记仇。他

们会花时间和精力去举行庆祝活动，把大家聚在一起。在他人生日和节假日的时候，他们会精心准备特别的礼物。

2号的高层心境：自由

把注意力转移到自身，往往会让2号性格者产生焦虑感。虽然这种注意力转移能够让他们发现自己的真正需求，但这还是有违于他们的习惯，让他们无法获得情感上的安全感。许多2号性格者说，当他们独处的时候，他们感觉更自由，更容易发现自己的需求。他们实际上肩负了两项任务：不但要能够感知他人的需要，更要学会发现自己的真正需要。

2号的高层德性：谦卑

所有高层次的情感都是基于身体的本能反应，这种反应是不受思想控制的。真正的谦卑，不是卑躬屈膝，也不以获得他人的回报为基础。被错误的谦卑所迷惑的2号，可能会说："我把右臂给了你，这不过是小事一桩，不足挂齿。"

第三章　2号　给予者（助人型）

∽ 给2号的建议 ∽

2号性格者需要清楚，他们的注意力什么时候从自己的感觉转移到了他人的感觉上。他们可以通过下面的方法来帮助自己：

◆ 发现自己的控制欲。

◆ 认识自己对他人的真正价值。既不要过分骄傲，夸大自己的重要性，也不应该表现得过于卑微。

◆ 认识到奉承很可能导致焦虑增加。

◆ 不要过于注重最初的情感反应，要注重其他反应，因为最初的反应往往是遮掩自己真正感情的虚伪面具。

◆ 不要通过奉承来拉拢他人，并认识到自己的复仇欲望来自于被伤害的骄傲感。

在转变的过程中，如果2号性格者能够意识到自身的下列现象，可能会对他们很有帮助。

◆ 希望扮演另一个人，幻想通过不同的方式得到爱。

◆ 对多个自己感到困惑——"哪一个是真正的我呢？"

◆ 在两性关系中不愿选择最好的对象，而倾向于第二位的对象。虽然也想和"最好的"在一起，但是害怕被拒绝，所以宁愿选择"爱我更多的那个人"。

◆ 害怕没有真正的自我，害怕被复制，害怕模仿他人。在冥

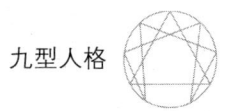

想的过程中,害怕身体的中心是一个空洞。

◆ 失去了他人的保护后,就会产生强烈的不安全感,感觉生存受到威胁。

◆ 相信获得认可与获得爱是同等重要的。相信独立将导致再也得不到爱。

◆ 当寻求认可的习惯与逐渐浮现的自身需要发生冲突时,会突然大发雷霆。相信是他人在试图限制自己的自由。

◆ 要求获得无限自由,拒绝对多样的自我做出承诺。

◆ 被难以得到的关系所吸引。陷入三角恋。对于难以到手的目标,通过不断的追求来保持控制权。要求独享真正的亲密。

一旦得到了真正的亲密,又没有经验去面对。对于真正的性需求和情感需求并不熟悉。需要花时间找到自己真正的感情,而不受他人影响。需要学会区分逢场作戏的爱情游戏和海誓山盟的真爱。

第四章

3号 实干者
（成功型）

3号的世界观
这个世界是胜者为王。我只能成功,不能失败。

3号的主要性格特征

3号性格者的主要特征包括:

- 看重自己的表现和成就。
- 讲究效率。
- 喜欢竞争,避免失败。
- 相信爱情来自你能提供什么,而不在于你是谁。
- 只关注事物积极的方面,不理会消极负面的信息。
- 难以了解个人的感觉。在工作的时候把情感放到了一边。
- 为争取认可而打造有利形象。公众形象属于社会高层人物。

3号性格者的个性特征上表现出对希望的追寻。他们把希望寄托在自己的努力上,而不是去遵循众所周知的原则。

内心的空虚让他们心里更看重个人成就的重要性。

拥有一个成功者的形象说明他们付出了诚实的努力。

他们从小就表现得很能干,因为他们想要获得他人认可,想要维护自信。他们从小就忘记了自己的情感,一心要用出色的表现来获得他们需要的爱。他们努力工作的目的就是为了获得认可,成为佼佼者,在竞争中获胜。失败是他们极力避免的,因为只有胜利者才值得拥有他人的爱。

3号性格者的形象总是非常现代。他们往往是社会上的成功人士。他们年轻有为、精力充沛、积极向上。与此同时,他们还具备了变色龙的性质,能够把自己装扮成任何社会阶层的典型形象。他们可以是西装革履的管理者,也可以是勤劳贤惠的超级妈妈。只要他们觉得自己属于哪个阶层,他们就能够用行动把自己打造成这个阶层的杰出人士。3号为了获得外在的奖励而工作,他们往往不会考虑自己对工作的感觉。他们看重的是公司的名望,自己的地位。在3号看来,自己的价值就体现在年薪的位数上。他们从事的工作可能是相当枯燥的,但只要这个职位有一个迷人的名称,他们就能忘记枯燥。对他们来说,有事可做是最好的抗抑郁药。只要他们在不断忙碌的状态中,他们就没有时间感到沮丧。

3号认为自己的价值体现在出色的工作成绩上,所以他们往往会全身心地投入到工作中。他们能把想法立刻付诸行动,不会在思考和行动之间浪费时间。

他们总是能量充沛,生活在快乐幸福之中。但是这种关注于个人成就的生活,必定会以牺牲内心生活为代价,让他们在情感和亲密感上出现问题。

许多3号性格者都没有意识到,他们这种不停忙碌的生活,妨

碍了他们自身创造力的发挥,因为这种创造力需要把大量时间投入到自我和内心情感之中。

3号的时间安排总是满满的。他们每天都在进行不同的活动,他们没有时间留给自己的感情。因为他们坚信——你的价值在于你所做的事情,而不在于你是谁。

在3号看来,工作的确高于自我。他们的自尊建立在他人对工作结果的认可上,而不是他人对他们的喜爱上。他们的眼里只有工作。如果他们受到夸奖,他们会认为夸奖的对象是他们的工作成绩,而不是他们自己。

哪怕是表达爱意,3号选择的方法也是行动。他们对家庭生活的感觉也是通过活动来体现的。一起旅行,一起打网球,一起讨论孩子的问题。3号只关注活动和安排,而不会想到和家人在一起的悠闲时光。对于3号来说,他们要让两性关系有效地运转,他们的婚姻必须"有用"。工作和收入永远都是重要的。

他们会从自己的各种成就中受到鼓舞,形成乐观的性格。失败当然是要尽力避免的,而且即便失败了,他们也会重整旗鼓,把失败变成更大的成功。他们宁愿面对竞争和最终期限,也不愿让自己在休息中无所事事。

他们一旦发现自己陷入"工作狂"的境界时,就受到神经质需求的驱使,一定要做得出类拔萃。他们会把全部的注意力放在手头工作上,他们仿佛变成了这份工作最理想的榜样,以至于他们无法把工作形象与真实自我区分开。

3号总是把自己想象成胜利者并拥有相当的社会地位。注重外表形象，精于打扮。他们看上去往往比实际上更出色。

进化后的3号性格者能够成为有效的领导者、优秀的组织者、能干的推销者和胜利团队的领军人物。

亲密关系中的3号

3号习惯了用做去取代感觉。他们需要在做的时候看到对方的反应，并得到对方的认同。当他们的另一半为爱而欣喜或者为爱而悲伤时，3号可能眼睛注视着对方，但心里却在想着其他一大堆要做的事情。当真实情感出现时，用做去取代感觉要比审视内心，发掘内心的空洞容易多了。

3号主张快乐、积极地去爱，他们不会认识到自己对爱的认识是有局限性的。他们相信自己这种乐观做事的方式和其他人追求爱情的方式是一样的，他们的自信让他们混淆了感情的角色和真实的事实。爱就是在一起做事，爱就是一起创造财富，一起快乐。爱不是压倒一切的，也不是令人痛苦的。

3号宁愿去做些有用的事情，也不愿去考虑自身的感受。哭哭啼啼、唉声叹气的伴侣让他们感到害怕。大部分3号会想："这可没

什么好处。"即使是一点点的不满意也会导致焦虑。一个关心爱人的3号会想:"我应该做得更快一点。是不是因为我做了什么,或者还有什么没做的?有什么做法可以弥补这个问题?我能赶快去做吗?"对于3号来说,坐下来讨论这些事情是令人疲惫的。让他们不去行动,只去感觉,会让他们产生压力。

3号总是想通过行动获得爱,所以他们甘愿为夫妻之间的相处做很多事情。他们愿意"为家庭"奉献。他们想要"为夫妻双方"争取地位。3号拖着筋疲力尽的身体回到家中,他们不明白为什么他们的付出得不到欣赏。

在3号看来,亲密生活要有画册的品质:可爱的夫妻、理想的家庭、等着他们去学和去做的事情。发展家庭成员的兴趣,养育健康的后代,让生活过得有模有样,这是对他们极大的个人奖励。渴望收获的3号会把恋爱当作一项活动。爱情成了一种良好生活的表现。为房子要做的事情,为孩子要做的事情,为爱人和自己要做的事情,都会被安排在3号的活动表上。

伴侣会以为3号做这些事情都是发自内心的,实际上他们被3号的表现蒙骗了,他们不知道3号有变色龙的本领,能够在情感上玩角色扮演的游戏,并常常把角色与真实混淆。

当逐渐成熟的实干者突然停止行动,把注意力转移到内心时,他们往往会大吃一惊。他们就像迷途的羔羊,找不到自己的感觉。这时,他们的真实感情开始浮现,他们遭遇了情感生活的转折点,他们的情感关系就要面临考验。

当3号确定自己的角色是恋人时,如果情感关系破裂了,他们会认为是角色被拒绝,而不是他们自己。那些能够自我观察的3号知道他们和他们身上所扮演的角色是不同的。当他们身处一个安全的环境中,能够从角色中走出来时,更秘密、更个人的自我形象才会表现出来。

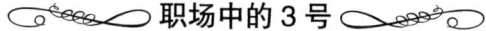

职场中的3号

在工作上3号性格者往往表现出:

■ 确信自己的能力。速效专家。

■ 混淆真实自我和工作角色。"我就是我所做的。"

■ 表现出工作需要的形象和感觉。职业特征明显。

■ 首要的事情是效率和省时,哪怕要冒险抄近路。选择捷径。同时处理多件事情。"细节以后再说。"

■ 工作的摊子会越铺越大,直到出现阻碍,然后会通过商谈争取最大程度的胜利。

■ 当任务和目标受阻时,怒火就会上升。生气往往是某项具体工作引起的。

■ 看重结果胜于过程。"我创造了多少产值?"

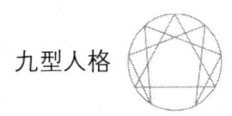

九型人格

- 希望因为自己的工作能力而受到他人尊敬。
- 工作机器。期望他人也和自己工作。
- 表现出高姿态——有名望，有社会地位，是名人。
- 喜欢管制他人；竞争领导者的角色。
- 要让成功的道路清楚明确。朝着明确的目标努力。要让自己的努力得到回报。难以接受不明确的答案。
- 关注正面的反馈。要维持形象。讨厌批评。遭遇失败时，会把责任转移到别处。
- 会为了避免失败而努力寻找可以解决问题的形象。
- 难以区分因为领导地位而受到的尊敬和因为自身而受到的喜爱。

作为领导的 3 号

作领导是 3 号喜欢的岗位。典型的 3 号做起生意来，就像橄榄球场上的四分卫。他们会想方设法让球朝着正确的方向前进。这是商业进入迅速扩张期的一种典型领导方式，也是美国人的理想方式。

3 号可以像变色龙一样融入到任何环境中，他们的领导方式并不统一。一个 3 号性格的日本人可能会选择典型的戴明式管理方式

第四章 3号 实干者（成功型）

（戴明：Deming，1900～1993年，美国质量管理专家。从1950年开始，多次到日本，向日本的工商界人士传授一套统计质量管理的思想），对过程予以高度重视。如果社会流行的是参与式的管理，优秀的实干者就会让自己成为此类风格的领导人。如果人们需要的是一个斗士，3号就会义无反顾地冲进斗兽场。

一旦开始行动，3号的视野就会变得狭窄，他们一心向前，对于反对意见置若罔闻。当你在全速前进时，你无法接受对自己的怀疑。动力驱使着你无法回头。关注于目标的3号领导者会不断前进，除非有强劲的反对力量挡在了他们的道路中。

3号领导者是实力强劲的竞争者，他们的眼中只有既定目标，任何危险在他们看来都是可以处理的。他们会牢牢控制一切，甚至不择手段，铤而走险。当他们面对压力时，他们不是放慢步伐，而是加速扩张。只要能第一个到达目的地，冒任何风险都是值得的。

他们无法接受干扰，这让他们难以吸收新的信息或批评意见。3号认为，任何人为了获得效率都会尽可能地寻找捷径去完成工作。这样的想法常常让他们忽略了质量控制的问题。他们关注的是数量，而不是质量。如果来自领导的最高指令是"做！"那就不会有太多时间留给细节。

如果一家企业是按照3号的领导风格进行管理的，这家企业往往会格外强调规模扩张。3号会不断重复成功的模式，因为他们可以非常出色地执行已经熟悉的管理想法，但是他们并不善于创新，

通常也不是拥有独创思维的人。他们擅长的是把已知方法用于新的环境，并进行出色包装。对他们来说，创新思维需要花费大量时间在构思想法和解决问题上，他们没有这样的耐心去探索。他们喜欢复制成功，也就是从已经成功的项目中提取现成的解决方案，然后迅速运用于新的目标。他们的成功在于他们能带来实用的结果。

实干者因为他们的领导风格而得到肯定。世界喜欢胜利者，大多数人也都愿意跟随一个有冲劲的领导者。

3号期望所有人都和他们一样干劲十足，当工作受到干扰时，他们就会恼羞成怒。目标是关键，他们不在乎过程。当问题出现时，他们失去了耐心。工作被干扰的事实对3号是一种威胁，这足以让他们把麻烦制造者赶出团队，或者抽身离开，为自己找一个更好的地方。

作为员工的3号

作为员工，3号希望通过良好的工作表现而获得奖励。他们为了奖金工作，为了职位竞争。他们往往很在意地位的差异。他们最喜欢的工作环境是目标明确、奖惩分明、有发展前途的地方。一旦遭遇困难，他们会想方设法控制局势，比如绕道而行或者为自己的利益去四处游说。

第四章 3号 实干者（成功型）

3号关注他们自己的表现。当一件事物只服务于一种功能时，他们学得最快，因为他们只关注立竿见影的用途。他们想要快节奏、有刺激性的活动。

3号在自己的摸索中学习。他们是行动快于思维的人，往往是首先想到举手，然后才想到该问什么问题。他们对于冗长的理论不感兴趣，主张从实践中学习。他们不喜欢犹豫，他们可以毫不尴尬地站在舞台上开始即兴表演。他们喜欢让一切动起来。

由于被即刻的目标和结果所吸引，3号可能会不成熟地拒绝其它可能。短期利益对他们诱惑巨大。迅速朝目标开始行动要比面对一大堆问题和反对意见容易得多。3号当然也能在长期项目中取得成功，但是他们需要把长期项目划分成若干个短期项目，并且在每完成一步后就得到相应的奖励和认可。一次奖励性的聚餐，一篇公司内刊上的文章，一次公开的表彰都是他们需要的。

在团队中的3号

在团队中没有明确的权力划分时，3号会自愿承担起领导者的角色。他们需要有明确的证据来说明自己的价值，所以他们会自愿组织大家展开头脑风暴，自愿加班。他们的积极表现对整个团队都会产生影响。一些人会响应3号的号召，一些人感到压力，还有些

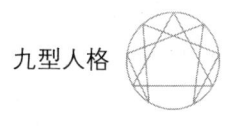

人则会退出竞争。实际上,3号积极表现的主要目的往往是为了获得认可,而不是为了推动工作。当他人控制局势时,3号会感到格外无助,所以他们要抢占先机。

如果3号有了明确的奋斗目标,他们可以是非常能干的团队成员。他们通常会成为专家式的人物而不是通才。他们喜欢在某一方面超越他人,对这一方面的新发展、新技术充满兴趣。他们同样非常在意身份和地位,当他们在一个享有声望的公司工作时,他们对公司的在意程度会超过对自己的关心。当他们被一个团队认可时,他们会为了整体目标努力工作,而不是他们的私利。

实干者不注重细节。最好把他们和那些关注工作程序、产品质量控制的人分在一组,这样就形成了互补。3号常常会为了提高效率而修改工作方案,他们会去过分强调结果的价值。团队里的其他明星成员会激发他们的竞争心理。只有在具有明确合理的价值取向的团队中,3号才能成为团队的优势,成为最吃苦耐劳的成员。

实干者可能会在一个想法上变来变去。想要通过不断地改变去适应不同的人,在改变中寻求认可。3号很少因为生病请假耽误工作,他们也不喜欢那些因为自身情绪而影响工作的人。那些为细节斤斤计较的人会让3号抓狂;同样,那些把爱情带到办公室来的人,也让3号反感。在3号看来,团队成员的情感只能通过团队精神来表达。

在充分明确了目标和结果后,3号能够带动一个奄奄一息的企业。当困难出现时,他们会一头钻进去,工作得更加努力;当团队

第四章 3号 实干者（成功型）

取得胜利时，他们会兴高采烈地组织庆祝胜利的晚宴。

3号适合的环境

3号性格者适合工作的环境包括那些通过长年打拼，逐步扩大规模的企业。他们可以成为出色的经理、销售人员、传媒人士、广告业者或者形象工作者。3号还适合从事那些把想法付诸实施的工作，比如包装、宣传、市场推广。

3号会成为他们所属环境中的典型：他们可以是最激进的左翼分子，也可以是最保守的右翼分子。他们总是被那些能够让他们具有成就感的环境所吸引。他们喜欢具有发展空间的高层职位，比如企业的高层领导。如果他们是政治家，他们会通过媒体形象和个人风格来争取更多选票。

3号不适合的环境

3号性格者不喜欢那些没有发展前途的工作，那些不能给他们带来声望的工作，那些与他们的社会形象不相符的工作，以及那些需要通过不断反省和尝试才能完成的创造性工作。3号性格者更适合当记者,而不是小说家;更适合作杂志美编,而不是那些要花上好几个月才能完成一件作品的严肃艺术家。

3号名人

3号性格的著名人物包括意识推销员沃纳·埃哈德(Werner Erhard),推销员出身的埃哈德后来开始研究心理学,他创办的埃哈德研讨训练组织(EST,Erhard Seminars Training)在企业界很受欢迎。

沃纳·埃哈德
(Werner Erhard)

其他著名的3号性格者包括:

★罗纳德·里根(Ronald Reagan):1911-2004,美国第40任总统。

罗纳德·里根
Ronald Reagan

第四章 3号 实干者（成功型）

★沃尔特·迪斯尼（Walt Disney）：1901—1966，美国动画片制作家、演出主持人和电影制片人，迪斯尼企业的创始人。

沃尔特·迪斯尼
Walt Disney

★法拉·福塞特（Farrah Fawcett）：美国女演员，曾因主演电视剧集《霹雳娇娃》而走红。

法拉·福塞特
Farrah Fawcett

★约翰·肯尼迪（John F. Kennedy）：1917—1963，美国第35任总统。

约翰·肯尼迪
John F. Kennedy

3号性格的闪光点

3号性格者对于手头的工作和未来的目标总是充满激情。他们吃苦耐劳，尽心尽力，而且他们的努力能够感染其他人去表现得更加出色。他们活到老，学到老，总是能给自己找到乐趣。不论是对

于自己，还是对于工作，3号都希望保持积极向上的正面形象。他们愿意支持那些社会公益活动，帮助他人通过自身努力获得物质上的富裕。他们还非常愿意成为领导者。

3号的高层心境：希望

实干者认为，他们的价值在于他们给别人留下的印象。他们骄傲于自己的成就。

实干者认为，他们的价值在于他们给别人留下的印象。他们骄傲于自己的成就。

3号性格者感觉自己就好像是被悬浮在无尽的能量之中，所有困难都能迎刃而解。虽然是在紧迫中全力以赴地工作，却感觉时间仿佛放慢了脚步。在这样的心境中，3号性格者总是充满希望，成功似乎是注定的。

3号的高层德性：诚实

3号性格者的身上有很多美国主流文化所认同的特征。他们常常会把这种表面的自我误认为是真正健康的自我。

3号性格者通常都认为自己的心理十分健康。只有那些失败者，那些无所事事，跟不上时代节奏的人，才会情绪沮丧。3号可能完全不会发现自己成功塑造的"虚假自我"与他们自己的情感需求是有差异的。他们可能只知道自己不喜欢低沉、郁闷的情绪，也不喜欢去感受到内心的情感需求。但是他们往往忽视了这样的事实，那就是他们可能触及的情感范围实际上非常狭小，因为他们总是充满活力，并努力把自己打造成乐观的成功人士。

只有在被迫停止活动时，实干者才有可能面对他们真正的感觉。他们一般不会自愿停止活动，往往是一些特殊情况让他们不得不停止工作，比如失业、疾病或者配偶的干预。这种强迫性停止对于这些工作狂来说是相当可怕的，这会让他们开始担心自己的价值，而且一旦注意力从活动中转移出来，真实的情感就会显现。

给3号的建议

当疾病的困扰或者失败的打击让3号性格者无法保持正常工作节奏，无法回避自己的感情时，他们应该去接触自己的生理和情感反应，尤其是那些被他们抛弃的感觉，比如疲惫、害怕以及不知道下一步该做什么的困惑。对3号性格者来说，下面这些做法对他们都是有帮助的：

◆ 学会停止。给自己的情感和真实思想留下时间。是什么在驱使自己不停地工作，找到这种担心，并直接面对。

◆ 不要让自己的行动变成机械化反应。意识到自己成了生产机器，而情感被全部搁置。

◆ 不要让对个人成功的幻想取代了自己的真实能力。

◆ 遇到困难时，不要通过寻找新的工作来逃避困难，也不要无视失败，或者抱怨批评自己的人。

◆ 不要把自己看作离不开的关键人物，把周围的人都看作没有能力的懒汉。

当注意力被放在了自我形象和工作狂一般的生活中时，3号性格者应该对以下反应保持警惕：

◆ 对感觉感到困惑。"我的感觉正确吗？""哪个感觉是真的？"

◆ 在过度活跃的幻想中生活。在方法根本行不通，或者出现负面效应时，依然幻想成功。

◆ 为自己打造虚幻的形象，并且相信这些特质是自己天生具有的。

◆ 急于求成，用工作取代情感需求，并感觉良好。在心理治疗的成果还没有显现时，就想要退出。

◆ 需要获得成功的证明。

◆ 在讨论个人问题时，总是习惯性地避免讨论自身感觉。觉得个人的问题说一说就能解决，无需情感体会。

◆ 在接受心理治疗时,倾向于选择十分能干而吸引人的心理医师。看重的是心理医师的价值,而不是去发现自己的价值。

◆ 在冥想的过程中,担心真正的自我根本不存在。

◆ 当遭遇他人的批评时,感觉自己像个圣人。"我做出了那么大的贡献,我根本不用理会那些批评。"

第五章

4号 悲情浪漫者
（自我型）

4号的世界观
有些东西其他人拥有，而我却失去了。我曾经被抛弃。

4号的主要性格特征

4号性格者的主要特征包括：

■ 觉得有些东西在生活中遗失了，而别人又恰好拥有自己遗失的东西。

■ 被遥不可及的事物深深吸引。把一个不存在的恋人理想化。

■ 依靠情绪、礼貌、华丽的外表和高雅的品位等外在表现来支撑自己的自尊。

■ 带有忧郁感。追求的目标是深入的感情而不是纯粹的快乐。

■ 不愿意接受"普通情感的平淡"。需要通过缺失、想象和戏剧性的行动来重新加固个人的情感。

■ 追寻真实。感觉现实不是真的，相信当个人被真爱包围时，真正的自我将出现。

■ 被生活中真实和激烈的事物所深深吸引，比如生死、性爱、灾难、遗弃等等。

4号性格者的内心世界就和文学作品中的悲情浪漫者一样，这

第五章　4号　悲情浪漫者（自我型）

种人尽管获得了社会的承认和物质上的成功，也依然无法开怀。他们渴望得到的是失去的爱、遥远的爱、未来的爱，他们认为只有这些爱才能带来幸福。

4号做出的决定有可能是基于对事实的认识，也很有可能是基于情绪的变化；在交谈中，他们关注的是语气语调、隐射与暗示，而不是言语本来的含义。

抑郁是一种常见的情绪。这种情绪能够让生活停止，让人整天躺在床上，不停地想着过去犯下的一些无法改变的错误。

4号的脑袋里只有一个词："如果，如果"。他们的注意力被封闭了，就好像一台老式留声机的唱针被卡在了唱片的某个地方。

4号性格者基本上都了解这种抑郁情绪。有些人把这看作一种宿命，愿意长时间的独处。还有些人让自己处于不停地忙碌之中，希望通过极度的活跃状态来摆脱这种抑郁。另一些人利用这种情绪对人类经验的黑暗面进行艺术探索。

他们还有另外一种情绪，叫"忧郁"。他们被这种情绪所吸引，就如同在迷失和痛苦的土地上，发现了一座扭曲情感的庇护所。

忧郁能带来甜蜜的遗憾。和抑郁一样，它们都产生于缺失感，但是在忧郁的情绪中，悲伤是美好的，如同一片荒凉海岸上的迷雾。4号性格者在情感变化的迷雾中感到强烈活力。在他们看来，没有什么是永恒的，因为他们的情绪说变就变。

4号性格者的核心问题是缺失感和时常降低的自尊。

在生活中,4号性格者总是认为,他们获得爱的来源被夺走了。"我曾经被爱过,现在我得到的爱哪去了?"

在他们的成长经历中,总是有被抛弃或者类似的经历,他们因此而感到悲伤。在他们成年后,这种遗弃感也不会消失。他们拒绝那些轻而易举就能得到的东西,因为他们的眼中只有那些无法得到的东西。虽然这可能是无意识的习惯,但还是让他们痛苦。

4号性格者总是有意无意地把注意力放在遗失的美好上。眼前的一切似乎毫无吸引力。他们特别渴望激情四射、能够带来满足感的两性关系。他们是渴望得到爱的人。

他们的忧郁情绪也能为他们带来一种甜蜜感。当他们因为失去爱而悲伤时,他们同时也会浪漫地幻想未来的理想伴侣。感觉好像眼前的伴侣不过是为未来准备的陪练,当真正的爱情来临时,"我的真我将被爱唤醒"。

4号即便获得了实际生活的成功,哪怕是用多年汗水换来的成功,他们也不会在意这些辛劳成果,因为他们只关注生活中缺失的东西。如果你得到了想要的工作,你就会想要一个伴侣;如果你得到了一个伴侣,你又会想要单身;如果你回到了单身状态,你又会想要工作和伴侣。注意力总是不断转向缺失的美好。拥有的东西看上去总是枯燥和毫无价值的。

浪漫者总是喜欢破坏现有的成就。如果他们必须关注现实生活中的琐事,比如收拾伴侣的袜子,或者容忍他人的某种特性,他们就会变得非常愤怒和失望。他们想象的爱情是完美无缺的，但是这个完美画面被现实生活中那些令人厌烦的时刻给破坏了。他们还会把这些小问题放大，伴侣身上的任何小毛病都会变成不能容忍的刺激。

一旦他们意识到亲密关系需要牺牲完美的标准，他们就会想办法在真爱被破坏前，让伴侣离开。他们认为事情很清楚，该责备的人是他们的伴侣。受到打击的4号可能会说出一些最恶毒的话，为了清楚表明是对方辜负了他们的希望。

但是一旦双方的关系恢复了距离，4号又会开始思念这种亲密感觉。他们的爱情经常是分分合合：拥有的时候推开，得不到的时候又拉回来。一切都仿佛是"远看一朵花，近看一个疤"。

为了获得安全，4号性格者会让自己与他人保持一个臂长的距离。他们不希望与他人的距离太遥远，但也不喜欢过于亲密。虽然他们也渴望与他人建立亲密关系，但是亲密无间的生活又会让他们担心自己的缺点被暴露出来，并因此遭到遗弃。如果伴侣厌倦了这种一个臂长的安全距离，威胁要离开，4号可能会突然病倒，或者深深自责，因为他们希望能够挽回关系。当被遗弃的危险出现时，4号会放弃所有的情感障碍。当他们最初的缺失感重新出现时，他们会表现得非常戏剧化、疯狂指责、极度失望，甚至出现自杀倾向。

4号性格者说，这种情感生活的起伏让他们感受到一种强烈的存在感。这种感觉是一般的快乐无法相比的，这是一种比一般人的

生活更丰富的生活层面。他们觉得自己是普通现实的旁观者。他们是独特的，是与众不同的，是自己生活的主演者。要让他们放弃这种高层次的情感生活，等于让他们牺牲自己的独特性。

对于4号来说，追求快乐可能让他们失去与内心情感世界的联系。更糟糕的是，他们担心自己会变得和他人毫无区别，过着平庸的生活。

被不切实际的幻想所吸引的4号相信，理想状态永远不是此时此地。他们性格内向、忧伤、敏感、具有艺术气质。会因为失去一个朋友而伤心不已，也会痴心于一个不存在的恋人。

进化后的4号性格者在生活中富有创造力，宁愿自己受苦，也要帮助他人。他们热衷于美的事物和充满激情的生活。

亲密关系中的4号

4号性格者会把大量的注意力放在等待爱人出现的准备工作上。就好像眼前的一切仅仅是在为未来做准备。在未来的某个时刻，他们会被真爱唤醒。如果现实中的他们并没有陷入亲密的两性关系，那他们会把大量感觉投入到未来的约会中。如果他们已经陷入亲密的两性关系，他们会选择从这种关系中脱离出来，为了享受未来重逢的美好。4号性格者总是习惯性地注意现实的负面，他们

第五章 4号 悲情浪漫者（自我型）

的两性关系往往很受折磨。当他们关注眼前的情况时，那些不希望出现的负面因素总会特别显眼，但是当爱人位于遥远的地方时，他们身上那些不那么美丽的特征也就看不见了。

4号相信在爱的过程中，他们将找到真我，内心的戏剧变化将逐渐消失，他们会变成一个简单而满足的人，能够感受到生命的完整，不再有其他奢求。但是为了获得这种完满的感觉，他们的注意力必须首先放在现实生活中。他们必须学会发现眼前的美好，然后知足地接受现实。

从积极的方面来说，4号性格者希望他们的爱情能保持激情。当感情出现危机时，他们能够与他人共渡难关，不会因为强烈的情感变化或者他人的伤悲而放弃。他们理解两性关系的美学。他们知道人是会随着时间而变化的，也愿意接受情感发展的不同阶段。他们愿意从头开始，也愿意把过去的不愉快全部忘掉。

从消极的方面来看，他们有很强的嫉妒心，喜欢拿自己的所得与他人的所得进行比较。他们相信自己伤心的原因是他人对自己的忽视。如果他们受到了伤害，他们会埋伏起来，伺机报复。

 职场中的 4 号

在工作中，4号工作者往往表现出：

九型人格

- 喜欢与众不同的工作。能够发挥创造性，甚至需要天赋才能完成的工作。

- 个人的观点和想法必须在工作环境中受到尊敬。

- 工作效率和情绪紧密相连。当感情生活出现问题时，注意力就不会放在工作上了。可能因为爱情而毁掉自己的职业生涯。

- 希望与特殊的权威保持联系，这些权威在工作领域中代表的是品质而不是受欢迎程度。

- 觉得平庸的工作贬低了自己的价值，对平庸工作的判断标准因人而异，可能是修剪园林，也可能是当 CEO。

- 喜欢触及深层情感的工作，比如悲伤治疗师、动物权益保护者、自杀救助热线的接线员。

- 对工作领域中的竞争对手保持敌对态度。对工作领域之外的成功人士保持关注。

- 很难与比自己更能干、更有价值、薪水更高的人合作。

作为领导的 4 号

作为领导的 4 号，在充满竞争的环境中表现的和 3 号性格者很像。潜意识中尤其喜欢竞争的 4 号，对于物质奖励和认可会格外在意。他们对此非常敏感，常常会因为他人的言语而心情沮丧。4 号

第五章 4号 悲情浪漫者（自我型）

能够区分工作上的表现与自身真实感受的差异。3号为了目标和结果工作，他们的动机是成为超过他人的冠军。4号同样是为了目标和结果工作，但是他们的动机是为了让自己与众不同。

当浪漫者要证明某件事情时，他们表现得干劲十足，充满竞争力。一位4号领导者可以为了一个目标全力以赴。他们往往在危机时刻表现得比日常工作更加出色。一旦4号对工作感到了厌倦，他们可能会破坏自己之前的努力。灾难反而会激发他们的兴趣。成功越是遥不可及，越是具有吸引力。

4号对与情感关系的矛盾态度同样会被用到工作中。当他们在追逐一个难以达到的目标时，他们表现得非常积极；当他们面对成功的现实时，他们反而会出问题。没有了戏剧性，就没有了意义。4号领导人希望能够保持强烈的情感投入。

4号会在那些需要独特表现的工作中脱颖而出。当他们的自我价值与工作成功联系在一起时，他们就会完全投入到工作之中；当他们的工作平淡无奇时，他们的注意力就会转移到别处。如果没有兴趣，4号就从工作中消失了，他们会寻找新的情感寄托。他们常常会把自己卖给一份高薪的工作，然后用挣的钱去做自己真正想做的事情。4号通常会区分"我谋生的工作"和"真正代表我的工作"。他们平日的工作可能和他们的兴趣爱好大不相同，比如银行家和诗人，科研工作者和舞蹈演员。

4号也能为工作找到一个有价值的目标。当他们心思在工作上

时，他们是出色的领导者；当他们完成了挑战，工作的兴趣往往也就消失了。4号领导者能够把互相兼容的人组织在一起，通过让他们在情感上感到安全，来减少不必要的竞争。他们还有能力让他人的潜力得到最大程度的发挥，尤其是在商业扩张的戏剧性气氛中，他们总是会告诉大家："我们能成功！"

在4号身边的人常常会感到莫名其妙，刚刚自己还对4号充满吸引力，突然间就被抛弃了。本来一直很受重视，现在突然被批评说话不着边际。这种反复无常令周围的人很尴尬，不知所措。往往在这时，4号领导者又笑容可掬地出现了。

4号不愿意重复走老路，他们想要寻找更新的、更刺激的线路。如果事业发展到巩固期，4号可能感觉受到限制，这种压抑感会随时发泄到周围的人身上。

4号欣赏其他领域中的杰出人士，但却会对自己行业内的竞争者进行攻击。如果4号是个发明家，他们可能会非常敬重其他发明家，但前提是这些发明家的研究领域与4号的专业无关。4号需要获得认可来提升自己的信心，他们常常会要求他们的朋友表明立场。

"你喜欢我的作品，还是我的竞争对手的作品？"

"你到底支持谁？"

第五章　4号　悲情浪漫者（自我型）

～作为员工的4号～

一位4号员工也需要让自己感到与众不同。当他们受到业内重要人士的认可时，他们就会兴高采烈，积极表现。额外奖励和特殊对待非常重要。他们不喜欢被"同等对待"，他们不会高兴自己成为大众的一员。他们最敏感的是比较性的批评。

"你为什么没有张三做得好？"

"你可以比李四做得更好！"

4号需要被倾听，需要让他们的观点得到认可。只要他们认为工作是有价值的，即便是很普通的工作，他们也会兴趣盎然。他们能够让普通的事物变得特别，能够启发他人用不同的眼光去看待日常工作。他们能让平凡升值，让普通变得意义重大。只要他们认为有意义，哪怕是劈柴打水，他们也愿意。

对于一项有意义的事业，4号的忠贞是非常出名的。只要工作本身有价值，他们也会从工作中发现自己的价值。

～在团队中的4号～

4号在团队中常认为自己与众不同，因为他们没有把自己视作

团队的一员。他们认为自己是整出戏的主角,不需要任何出色的配角。在需要他们发挥作用的项目中,浪漫者会挺身而出。只要是他们认为有价值的工作,4号表现出的能干程度丝毫不亚于3号,但是与3号不同的是,4号的情感需求必须得到满足。团队讨论是一个糟糕的主意。4号讨厌当众出丑,这可能让他们陷入人际关系的冲突中。

如果想法遭到质疑,4号很可能把这种质疑当作个人攻击。如果他们感到被忽视了,他们变得极具报复心。

当4号拥有属于自己的专业领域,同时又受到上层权威的高度认可时,他们的表现是最好的。权威的认可对他们来说和物质奖励一样重要。如果4号开始对权威表示不满,或者不再积极工作,他们可能只是想得到一个认可。

4号希望得到理解。他们并不需要所有事情都按照他们的要求去做,但是他们一定要知道自己的感受有人理解。即便是在工作中,他们也需要寻找情感上的知音。

4号适合的环境

4号性格者一般会有两种工作:"养家糊口的工作和艺术家的真正工作"。他们喜欢那些需要经过一定身体训练才能完成的工作,

第五章　4号　悲情浪漫者（自我型）

比如舞蹈演员、民谣女歌手、杂志模特。他们还可以成为画室的主人、室内装潢设计师、古董收集者和高品质二手商品的老板。

4号性格者精通玄学，能够成为思想深邃的哲学家，他们寻找内心的高层境界。他们因此可以成为悲伤心理顾问、女权主义者和动物权利保护者。他们总是对宗教、仪式和艺术充满兴趣。

4号不适合的环境

4号不适合的环境包括普通环境下的世俗工作。"我在办公室里工作，但那不是我。"他们不适合和比他们更富有的人一起工作，也不适合服务性工作、默默无闻的工作，或者无法表现他们才华的工作。

4号名人

美国舞蹈家马莎·格雷厄姆（Martha Graham, 1894-1991），现代舞蹈运动中最著名的名字，就是典型的4号性格者。她的舞蹈致力于研究虚幻主题和人类潜意识的表达。她创建了一个新的舞

马莎·格雷厄姆
（Martha Graham）

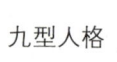 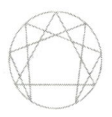

蹈派别，通过肢体语言来表达人的内心世界。

其他著名的 4 号性格者还包括：

★ 济慈（John Keats）：1795—1821，英国著名诗人。

济慈
John Keats

★ 雪莱（Percy Bysshe Shelley）：1792—1822，英国著名浪漫诗人。

雪莱
Percy Bysshe Shelley

★ 艾伦·沃茨（Alan Watts）：1915—1973，上世纪美国研究东方哲学的大师。

艾伦·沃茨
Alan Watts

★ 乔尼·米歇尔（Joni Mitchell）：加拿大的著名民谣女歌手。

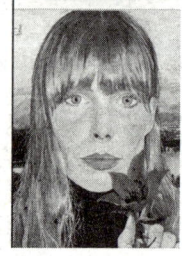
乔尼·米歇尔
Joni Mitchell

第五章 4号 悲情浪漫者（自我型）

★奥森·威尔斯（Orson Welles）：1915—1985，美国电影制片人和演员。他自导自演了著名影片《公民凯恩》。

奥森·威尔斯
Orson Welles

★贝特·戴维斯（Bette Davis）：1908—1989，美国女演员，两获奥斯卡奖。

贝特·戴维斯
Bette Davis

★琼·贝茨（Joan Baez）：美国民歌歌手和政治活动家。

琼·贝茨
Joan Baez

★马龙·白兰度（Marlon Brando）：1924—2004，美国著名男演员，主演影片包括《欲望号街车》《教父》。

马龙·白兰度
Marlon Brando

4号性格的闪光点

悲情浪漫者对于苦难有一种与生俱来的熟悉感,他们特别适合与那些处于危难或悲伤中的人一起工作。他们有一种独特的毅力,愿意帮助他人走出激烈的情感创伤,而且愿意长时间地陪伴在朋友身边,帮助朋友疗伤。

4号性格者说,当他们的注意力在别人的需求上时,他们就不会注意到自己的欲望。

4号的高层心境:本原联系

对每一种类型的人来说,其主导的性格特征都是寻找本体的重要线索。从纯粹心理学的角度来看,让一个抑郁的人回归其本体,就需要彻底抛弃悲伤,回归幸福生活。根据"九型人格"这样的心理/精神分析体系,4号性格者对本体的回归,是一种完全不同于情感满足的境界。

当一个长期若有所失的人突然找到了与本体的联系时,他们的第一感觉可能是一种完全的归属感,就好像一个人安全地依偎在母亲的臂弯里,或者陶醉在永恒的爱情中。4号性格者把这种归属感称为"我的真我"。

4号的高层德性：泰然（平衡）

嫉妒来自对那些得不到的事物的强烈吸引力。平衡是帮助他们消除嫉妒、解决矛盾的办法。平衡可以化解他们对得不到的东西的占有欲和对现实的厌烦感。平衡就是认识到自己所真正拥有的一切。和所有高层的触动一样，平衡更多的是一种表达，而不是一种思维，或者一种仅仅存在于内心的想法。平衡需要把注意力放在眼前，从拥有的一切中感受到满足。

要修成泰然的德行，个人需要加强自我观察能力，需要感受到注意力的变化。如果4号性格者能够在注意力变得虚无缥缈时，及时发现，重新回到现实之中，并感受到眼前的满足，他们就体会到了泰然的境界。

给4号的建议

当4号性格者开始关注无法得到的事物或者开始在已经拥有的事物上寻找缺点时，就需要及时注意到这种变化，及时调整自己的

心态。4号性格者可以通过下列方式帮助自己：

◆ 承认自己早期的缺失是真的；在悲伤之后，要把它放到一边。

◆ 注意到当强烈的情感变化发生时，自己会完全投入于其中。把注意力转移到其他事物上，让自己从这种专注中解脱出来。

◆ 养成善始善终的习惯。把被破坏或者被遗弃的工作当成未完成的工作做完。

◆ 发现自己身上那些令他人羡慕的特质。

◆ 与其刻意追求快乐，不如坦然接受伤感。要知道这样的情绪总会过去。

◆ 让他人知道，过度亲近会遭到你的攻击，请他们不要误会。告诉他人在你生气的时候不要离去，这样你就会确信，即便他们受到攻击，也不会抛弃你。

◆ 为自己能够感知他人的痛苦感到骄傲，但是要学会自如运用你的注意力。

◆ 把注意力放在眼前。当注意力转移时，提醒自己。不要仅仅关注眼前的负面因素。

◆ 培养多样的兴趣，结交各种朋友，把自己的注意力从抑郁的情绪中转移出来。

◆ 通过身体的运动练习来调节心情。

◆ 当真实的感觉被强烈的情感掩盖时，要注意到这一点，以便及时从抑郁中走出来，或者让自己起伏不定的情绪能够稳定

第五章　4号　悲情浪漫者（自我型）

下来。

对于 4 号来说，通往幸福的道路可能是漫长的。要表现出对现有情感关系的满意，就意味着要放弃与理想中那个初始爱人的关系。4 号性格者应该学会对现有生活感到满意，并注意到自己真实感情和强烈情绪的区别。当他们的习惯改变时，他们可能会发现自己出现了下列反应：

◆ 对摆在眼前的问题想尽各种解决方法，尝试各种解决途径，但就是不愿意采取实质行动，推动事情发展。

◆ 不喜欢被分类，不喜欢别人把自己的问题看成普通问题。认为他人没有理解情况的独特性和严重性。

◆ 希望得到解决问题的灵丹妙药。

◆ 厌烦平淡的普通情感。希望通过遗失、幻想或艺术来重新巩固自己的情感。

◆ 总是带着遗憾。"现在改变已经太晚了"或者"要是我选择了不同的做法，那该多好呀"。

◆ 有自杀的想法或举动。渴望得到帮助。"要是他们能够理解我的感受"或者"我走了，他们就知道我受的苦了"，这样的想法需要特别注意。

◆ 渴望奢华的生活。"洗衣服可不是我该干的。"

◆ 把自己和他人比较，嫉妒他人的优点。"她比我漂亮。""他的衣服比我好。"

九型人格

- 诱惑和拒绝。在对方拒绝你之前,先找到对方的缺点。
- 强烈的自我批评。对自己的形象产生错误的判断,觉得毫无优点。总是觉得自己太胖,常常出现厌食或易饿的症状。
- 言语尖锐,讽刺他人。觉得是他人的错误导致了你的痛苦。寻求他人的建议,然后拒绝采用。不愿放弃受害者的形象。

# 第六章

5号 观察者
（知识型）

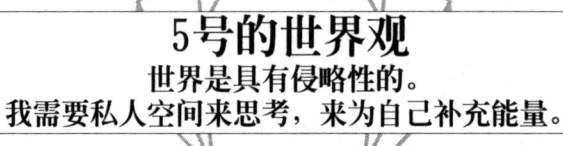

5号的世界观
世界是具有侵略性的。
我需要私人空间来思考,来为自己补充能量。

5号的主要性格特征

1号性格者的主要特征包括:

- 私密。

- 保持不被涉及的状态;感到威胁时,第一道防线是撤退。

- 过度强调自我控制。把注意力从感觉上挪开。

- 情感延迟。在他人面前控制感觉,等到自己一个人的时候,才表露情感。

- 把生活划分成不同的区域。

- 希望能够预测到将要发生的事情。

- 对那些解释人类行为的特殊知识和分析系统感兴趣。

- 喜欢从一个旁观者的角度来关注自己,与自己生活中的事件和情感隔离。

5号性格者的内心如同一座壁垒森严的城堡,只有顶部开了几扇很小的窗户。城堡的主人很少离开,总是躲在高墙后面偷偷审视那些前来敲门的人。

第六章　5号 观察者（知识型）

5号性格者觉得自己小时候受到了侵犯；城堡的墙上出现了裂缝，他们的私密被偷走了。他们的防御策略是撤退，尽量减少接触，把自己的需要最简化，尽量保护自己的私人空间。

他们过着隐居的精神生活，除了图书馆和海边，哪儿也不去。他们当然也可以和社会打交道，但往往是站在远处遥控。他们让他人去完成与社会的正面接触，然后通过电话向他们汇报。当5号性格者出现在公共场所时，他们会把真正的自己隐藏起来，让自己的感情最小化。

5号总是避免与社会产生联系，他们喜欢不干涉、不参与、不涉及的状态。金融交易在他们看来是危险的。责任是具有强迫性的。生气和竞争是需要控制的。情感关系则是一种拖累。

5号还会因为他人的积极期待而感到压力。除非他们获得的亲密关系能够保证他们的独立，否则他们就会想办法逃避，或者把这种亲密接触从生活中隔离出来。

5号性格者对于那些让他们置身于众目睽睽之下的接触特别敏感。向他人推荐自己，与他人竞争，或者向他人表示爱意或仇恨，都让他们觉得自己被他人所控制。5号总是远离那些要受到他人评判的活动。他们会给予自己习惯性的自我保护，为自己营造一种优越感，认为自己比那些追求认可和成功的人更优越。他们相信欲望和强烈的情感代表着自我控制力的减弱。当他们看到自己能够轻松拒绝那些主宰了他人生活的需求时，他们会有一种成就感。

一点儿没错，他们非常独立。他们能够一个人幸福生活。他们的需求很少，他们能从自己的精神生活中找到巨大乐趣，不会为琐事浪费时间和精力。他们之所以如此独立，是因为他们能够把自己的注意力从情感和本能中抽离出来，并强迫自己生活在自己的思想里。

当5号变得孤立、无法接触时，他们喜欢的私密变成了孤独。当内心对接触的渴望被唤醒后，5号会发现自己很难和他人接近，他们常常会站在那里，看着自己的生命一点点流逝。

他们生活在不足的状态中，因为他们认为"独立"比满意更重要。他们总是提醒自己，自身的欲望可能让他们与他人发生接触。他们内心空荡，无所求，他们依赖于自己已经拥有的事物——填补空间的纪念品和一些填补心灵的珍贵想法。

脱离了情感又渴望获得联系的5号性格者会花上大量的时间和精力，希望与他们的本性建立起精神联系。他们会通过特殊知识来寻找这种联系。

观察者对那些深奥的科学，尤其是能够解释人类行为的系统知识特别感兴趣。通过掌握一门系统的学问，比如数学、心理分析学，或者"九型人格"，他们就能从思想上理解事物的相互作用，就能在系统中找到自己的位置。

他们很少去关心财富和物质享受。在他们看来，金钱的惟一好处就是能够让自己不受干扰，能够购买私密生活，能够让自己有更多时间去学习和追求他们感兴趣的方面。5号不会把自己有限的精

第六章　5号　观察者（知识型）

力花在追求世俗物品上。如果他们继承了一大笔财富，他们会把钱储存起来，继续过独立而节俭的生活。如果生来就没有什么钱，他们也不会为了挣钱去给他人打工。5号会把时间和精力全部投入到精神学习和追求中。

5号性格者说，在没人的时候，他们的感情会更丰富。如果屋子里有其他人，他们很难表现出真我。孤独是他们获得丰富个人生活的基础。当他们独处时，他们反而能感受到与他人更强的联系，他们会记起他人说的话，而在真实的谈话中，他们却可能什么都不记得。在他们一个人的时候，他们能够自由地回顾一天中没有被察觉的感觉，这能让他们感到生活的快乐。

一个简单的聚会对于5号来说可能意味着很多，因为他们会在独处的时候，好好享受当时的感觉。5号有很多不同类型的朋友，他们和这些朋友之间分享某种特别的兴趣或感觉。尽管5号会珍惜这种双方之间的特殊信任，但是这些朋友可能永远也不会被5号介绍给对方，也不会知道5号生活中的其他事情。

5号性格者不需要言语，就能感觉到与他人的紧密联系。在两性关系中，他们仅需要很少的接触，就能把关系维持下去。5号十分重视朋友之间的礼仪，如果是聪明的朋友，他们就不应该期待5号当着他们的面流露真情，或者在双方关系中表现得主动，他们应该把5号当作身边的观察者和建议者。

5号不愿被牵扯到别人的生活中，宁愿脱离，也不愿参与。对

自己的义务和他人的需要感到疲惫。喜欢把责任和义务分清楚，不愿意接触其他人和事，也不愿去体验感情。

进化后的5号性格者可以成为优秀的决策制定者、象牙塔里的学者，以及自我约束的修道士。

亲密关系中的5号

5号性格者的中心问题在于害怕感觉。他们的基本防御心理就是不要把注意力集中到情感上，因此亲密感会给他们制造紧张。陷入爱情的5号既会被强烈的爱情所感动，也会习惯性地抵制这种感情。

5号性格者常常受到这样的困扰，就是当他们独处的时候，会在内心重新勾画与他人相见的情景，这种感情往往比他人真正在场时更加强烈。

这种现象在5号摆脱了亲密接触，返回不受干扰的安全状态时，尤为明显。观察者很容易就会对频繁的接触感到厌烦，他们会选择退出，来弄清楚自己到底是怎么想的。因为5号很少会和别人谈到这种情况，所以朋友们并不知道在5号独处的时候，他们反而会对他人投入更多关注。他们会花大量时间反复回顾或预演双方见面的场景。

第六章 5号 观察者（知识型）

当一段情感关系被精神化后，5号可以通过抽象的方式来慢慢享受自己的感觉。但是他们这种让注意力远离强烈情感，把自己的爱情精神化的做法，伴侣是很难理解的。在他人眼中，5号总是处于退缩状态，而且感情冷淡。然而一旦他们做出了承诺，这个承诺就是经得起时间考验的，尽管他们表现得并不是那么积极。

5号对感情的渴望与对脱离的渴望同样强烈。他们会尽量避免那些能够让感情自然产生的情景和接触。最终，他们的伴侣会发现自己必须事事主动，因为5号是不会自己向他们靠拢的。

职场中的5号

在工作中5号性格者往往表现出：

■ 感到自己储备的能量有限。不愿意把时间和精力花在他人的安排中。

■ 会为了得到隐私和追求个人兴趣的自由而努力工作。工作是为了获得独立。

■ 需要让一切都在预料之中。希望有所预见，以便做好准备。

■ 注意力会向环境中的其他人转移。会感到他人对自己的侵略。常常感到因为他人的存在而无法集中精力。

■ 在遇到毫无准备的问题时，或者要求做出自发反应时，会

突然僵住。需要退出来,才能把事情想清楚。

■ 严格避免冲突。避免情感介入。

■ 注重理性的决策制定。认为把感觉当作决策的方向标是一种失控。通常能一眼看穿阿谀奉承和做秀。

■ 能够成为出色的幕后决策者,避免直接的外界接触。

作为领导的 5 号

作为领导的 5 号从关闭的大门背后通过一排电话来进行领导。通常,他们都会有一个更加积极主动的合作者,尤其以 3 号性格者为佳。5 号的角色一般是思考者或者分析家,让更活跃的合作者到前面去冲锋陷阵。当他们要在公共场合露面时,5 号会选择一个合适的姿态,恰当的外表和言论。如果情况需要,5 号也可以站出来直接指挥,表现十分外向,甚至很吸引人。

5 号常常会不知不觉地变成公共人物,并把这个人物形象当作自己的角色。当一切都在掌握之中时,这些 5 号领导者会表现得非常外向。他们可以主持工作、代表企业或者处理紧急情况。但是当工作完成后,他们自己可能并不会得到什么好处。

5 号关注的是思想,他们通过自己的方式来表达这些思想,而不是通过与他人的交流。他们会毫不修饰地表达自己信息。他们毫

第六章 5号 观察者（知识型）

不留情地指出问题，然后等着大家自觉采取行动。5号领导者要的是实际行动，他们会把任务直接抛出来，等着其他人来接。每个人在接受任务之前，都想先知道领导是怎么想的，但5号领导肯定不会有任何表态。

只要一个项目已经就位，5号就能够立即进入领导状态。为了保护他们的隐私，他们会建立专门的联系渠道来与自己的下属们召开"秘密性"会议，而不是把大家都叫来开大会。他们会分别听取每个部门的意见，但是会避免各部门之间的信息传递。效仿老板的习惯，那些下属管理者也会开始隐藏信息，或者通过秘密交换信息来换取自身地位的提升。最糟糕的情况就是整个机构四分五裂，不同部门之间暗自较劲，大家都想要去影响那个身居幕后的5号领导者。

人们很容易把自己的意见强加在5号身上。没什么反应很容易被理解为同意，没有提出反对意见会被当作是支持。5号很少发表个人观点，这常常让人们以为他们是同意的，或者认为他们根本不感兴趣。

不知道5号在想什么是经常会遇到的困难。原本毫无表示的5号会突然宣布一个最终决定，丝毫不考虑其他相关人员的想法。同事们总是抱怨5号难以接触，认为5号是个独断专行，冷酷无情的人。

九型人格

作为员工的 5 号

对于 5 号员工来说,摆满了办公桌、没有分隔的个人空间、同事们一起吃饭、一起讨论家长里短的工作环境简直就是地狱。5 号想要清楚的界限。他们喜欢一个人完成自己的工作。他们认为个人空间和私人电话是必不可少的。容易受到打击的 5 号,需要知道自己还有多少时间和多少能力可以支配。

他们很害怕被打扰,在一个经常有干扰的环境里,他们的工作效率极低。

5 号是不连贯的思考者,这是因为他们总是关注于单一的信息。一个问题想过了,放到一边,再想下一个问题。他们会独立思考收集到的每一个信息,他们的题板上会贴满各种信息,这些信息组合在一起构成一幅整体图画,但是每一个信息都是独立的。

5 号雇员用工作来换取他们的独立。他们积累财富不是为了享受富裕的生活,他们认为把地位和利益作为工作的动机会让人陷入机构的圈套,成为工作的奴隶。5 号常常感到被他人的安排所控制。他们厌恶自己的能量被老板的利益所利用。他们衡量成功的标准是能否从一个充满利益、地位和等级划分的系统中获得独立和自治。5 号的理想工作状态是在一个独立的办公室里,有同事主动提供资料,而自己能够获得一份合适的报酬,去满足自己在

第六章　5号　观察者（知识型）

知识上的兴趣爱好。

在团队中的5号

5号觉得开会是一种包袱，开放式的讨论越少越好。5号的思想不适合参加快节奏的头脑风暴，内容变来变去的讨论让他们的注意力难以跟上。如果讨论的内容乱七八糟，5号会感到厌倦。

观察者喜欢负责小范围的、有清楚界限的工作。他们喜欢具体的问题，最好是他们感兴趣的，他们不愿涉及边界模糊不清、没有经过仔细思考的领域。要想从一个5号的嘴里知道你想要的答案，你需要精心设计你的问题。

一旦投入到工作中，5号会干个不停。在面对一个既有难度、又有意义的项目时，他们的表现最为出色。他们工作的动力来自于面对的问题，而不是奖赏和利益。他们可以花几年的精力去研究一个细微的科学领域，而且不需要得到公众的认可。这种投入有时也会成为他们与外界交流的障碍。5号一旦遇到自己感兴趣的问题，就会全身心投入其中，把自己与外界脱离开。他们只在必需的时候才会联系同伴，他们打电话可能仅仅是为了获得他们想要的资料。

九型人格

5号适合的环境

5号性格者会成为出色的学者,他们研究的领域往往是晦涩难懂,但却非常重要的。他们会成为这些领域的佼佼者,他们的著作可能只是薄薄的一本,但往往却浓缩了毕生研究的精华。

他们会是那些古老语言的活字典,常常学富五车。他们也可以成为那些喜欢在夜间工作的电脑程序员,或者是那些在股票交易所幕后控制股票市场的人。

5号不适合的环境

任何需要公开竞争或者直接接触的工作都是5号所不喜欢的,比如销售人员、公共政策讨论者、要时刻面带微笑的政党候选人。

5号名人

美国石油大亨、地产大亨和金融家让·保罗·格蒂(J. Paul Getty, 1892—1976)就是著名的5号性格者。他的知名度来自于他不断扩张的财富，而不是他享受财富的本领。身为亿万富翁，格蒂的家中安装的是投币式公用电话，他为了搭别人的便车，宁愿干等一个小时，也不愿去花钱坐出租车。还有人说，每次他用完餐后，都会把双手放在口袋里，直到有人付账后，才重新把手拿出来。

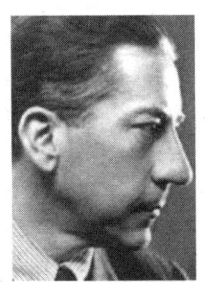

让·保罗·格蒂
（J.Paul Getty）

其他著名的5号性格者包括：

★ 埃米莉·迪金森（Emily Dickinson）：1830-1886，美国女诗人，一直隐居在马萨诸塞州的家中，几乎从不出门。

埃米莉·迪金森
Emily Dickinson

★ 杰里米·艾恩斯（Jeremy Irons）：英国著名演员，曾获奥斯卡最佳男主角。

杰里米·艾恩斯
Jeremy Irons

★ 佛陀（The Buddha）：佛教创始人释迦牟尼。

★ 梅里尔·斯特里普（Meryl Streep）：美国著名女演员，曾获奥斯卡最佳女主角和女配角。

梅里尔·斯特里普
Meryl Streep

★ 弗朗兹·卡夫卡（Franz Kafka）：1883-1924，奥地利作家，其短篇小说《变形记》，长篇小说《判决》和《城堡》，都涉及到荒诞离奇的异化世界里忧心忡忡的个人。

弗朗兹·卡夫卡
Franz Kafka

5号性格的闪光点

观察者能够去做自己感兴趣的事情，不管有没有人支持。他们尽量减少与情感的联系，这让他们能够在他人面临压力时，给予帮助。同样是这种脱离情感的能力，也让他们能够成为出色的决策制定者，因为他们能够在重压之下保持冷静的头脑和清晰的思维。5号能够与他人成为终身的朋友，只要这种友谊没有干扰到他们的独立，并且保证他们有随时退出的自由。他们能够通过非言语的表达来展示大量的情感，而且也非常关注与他人产生的大量抽象的、非言语层面的联系。

5号的高层心境：全知

什么东西才能安抚一个害怕去感觉的人，让他不再害怕呢？什么东西才能满足一个人的预知感，让其能够保护自己免遭潜在的侵犯呢？对于那些习惯从身体退缩到内心的性格类型者来说，他们最好的防范就是知识。

和"九型人格"体系中所有其他高层能力一样，全知（omniscience）的能力也是通过非思考状态下的心境得到的。全知并不是说要了解一个给定事物的所有知识，或者是建构一个完美的体系来安排所有事情。全知更像是让内心的观察者发挥作用，让自我的意识与过去、现在和未来的所有可能联系在一起。

5号的高层德性：无执

依赖来自于落空的欲望，而无执（nonattachment）就是无所求、无所依，它与依赖是相反的。当我们获得了我们需要的东西时，我

们就可以放手,因为我们知道,如果需要的话,我们还能够重新获得它。5号性格者这种强迫性的不参与、不联系和不受控制,往往会让他们相信自己高人一等,以为自己可以无欲无求,但实际上他们并没有因为他们已经拥有的而感到满足。真正的无执需要你能感觉到自己所有的感情,需要你能够接受所有表现出来的现象,然后才放手,脱离一切。

给5号的建议

5号性格者的典型症状包括:对社会关系感到困难,因为失去了某个他们依赖的人或物而感到痛苦,或者害怕自由受到限制。5号性格者需要学会容忍自己的感情,而不是逃避自己的感情,他们可以通过下列方式帮助自己:

◆ 注意到当他人在期待回应时,自己却有刻意保留的欲望。"我什么时候想做就会做,而不是你让我做我就做。"

◆ 不要让情感被理性分析所取代,不要让精神建构替代了真实经验。

◆ 认识到接触情感并不等于受到伤害。

◆ 认识到自己渴望得到认可,又不想花费力气。

◆ 认识到自己总是离不开三个S的陪伴:秘密(secrecy)、优越（superiority）和分离（separateness）。

◆ 学会接受突发情况。学会去冒险，去求助，去让私下的梦想变成现实。

◆ 与他人在一起时，自己能感受到什么，把这种感受与自己独处时的感受进行对比，找到两种感受的差异。

◆ 学会坚持完成重要的项目，并且把他们公之于众。让自己的成果被他人看见。

◆ 对最简单的物质生活提出质疑。

◆ 学会从自己的特殊研究中受益。

◆ 学会容忍他人的需要和情感。

5号性格者在改变的过程中需要格外注意避免下列行为：

◆ 让自己离开身体，退缩到内心。

◆ 希望储藏时间和精力。总是在节省，而不是在付出。

◆ 难以展现自我。把暴露自我的话从对话中过滤掉。保留信息。

◆ 不愿给予；感觉被他人的需求所利用。

◆ 过于自负，不愿依赖他人。"没你我也可以。"

◆ 对承诺感到疲惫。不愿与他人分享太多。

◆ 用思想取代现实体验。不断巩固孤独者的立场。幻想不切实际的生活，而不是面对现实。

◆ 幻想天上掉馅饼，可以不费力气就得到认可。"如果上帝想

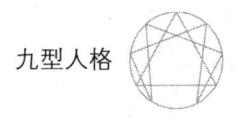

要我,他就会来找我。"

◆ 把自己隐藏在一个表面的姿态里。让自己的表现适应周围环境,以避免被他人注意。

◆ 相信自己高人一等,不受感情控制。"生气是愚蠢者的行为。""他们为什么不能控制自己?"

◆ 害怕欲望而麻痹自己。让自己无法走出去,也无法退回来。

◆ 脱离情感生活。喜欢私密,没有人知道。

第七章

6号 怀疑论者
（忠诚型）

6号的世界观
世界是危险的。我质疑权威。

6号的主要性格特征

6号性格者的主要特征包括:

- 推延行动。用思想代替行动。
- 工作无法善始善终。
- 忘记对成功和快乐的追求。
- 对权威的极端态度:要么顺从,要么反抗。
- 怀疑他人的动机,尤其是权威人士的动机。
- 认同被压迫者的反抗事业。
- 对于被压迫者或者强大的领导者表现出忠诚和责任。
- 害怕直接发火。把自己的怒气归罪于别人。
- 疑心很重。
- 在环境中搜索能够解释内在恐惧感的线索。

6号性格者通过强大的想象力和专一的注意力来获得直觉,这两种能力都来自于内心的恐惧。

为了消除这种不安全的感觉,6号性格者可能会选择一个强有

第七章 6号 怀疑论者（忠诚型）

力的保护者，也可能站在怀疑论者的立场上，对权威提出批判。一方面，他们希望能够找到一个领导者，把自己的忠诚奉献给一个能够保护他们的组织，比如教堂、公司或者学校；另一方面，他们又对权威的等级层次相当不信任。对权威的怀疑，让他们既表现出顺从的姿态，同时又带有怀疑的眼光。

当既定目标被物化时，他们的焦虑也随之增加。他们犹豫不决，并不是因为他们对于自己的工作有任何困惑，而是因为他们怀疑自己的能力，而且相信他们的成功会让那些充满敌意的权威注意到他们，从而设法阻止他们的努力。

这种反对权威的立场让 6 号性格者逐渐表现出受压迫者的反抗特征。当他们遇到困难时，他们会冲在最前面；当他们的朋友需要帮助时，他们会英勇地牺牲自己的利益。他们对于那种"我们反对他们"（us-against-them）的立场特别忠诚，因为一旦坚定了立场，权威的意图就会变得相当明显，他们就可以采取清楚的行动。

怀疑论者相信他们能够看穿那些华而不实和虚伪错误的表象。害怕在竞争中处于不利地位的他们，总是保持着谨慎的态度，防止自己被他人的花言巧语和阿谀奉承所欺骗。他们曾经在放松警惕的时候受过伤害，所以"一朝被蛇咬，十年怕井绳"，即便他们得到的是关爱，他们也会提高警惕。

他们的注意力就像一台红外线的扫描仪，总是在环境的各个角落里搜索那些可能对他们产生危害的迹象，总是想检查他人的内

心,看看他们的真实想法到底是什么。表面现象的背后隐藏了什么样的事实,微笑面孔的背后又有什么样的企图,6号性格者总是想弄清楚这些问题。他们总是能在争论中击中他人的弱点,发现隐藏在背后的力量。

当6号性格者接到警报,或者感觉到内心受到威胁的时候,他们对外界的关注反而会变得更加强烈。内心越是痛苦,他们就越是喜欢往外看,结果常常让他们找错了让他们感到警惕的原因。总有些事情让他们感到害怕,而6号总认为让他们不舒服的原因正是他人的恶意。带着这种先入为主的偏见,他们往往会觉得他人是"话里有话",不管人家怎么说,他们都会觉得对方不怀好意。

总之,6号性格者总是用怀疑的目光看待一切,因为怀疑而害怕,而疲惫。用思考代替行动,在采取行动的时候犹豫不决,害怕受到攻击。他们对失败的原因非常敏感。反对独裁。愿意自我牺牲,而且非常忠诚。怀疑的态度会产生两种极端:恐惧症型的6号性格者觉得自己受到了迫害,并急于屈服以保护自己;反恐惧症型的6号性格者虽然也一直处于顾虑之中,但是他们能够站出来面对恐怖,以积极主动的方式化解疑惑。

进化后的6号性格者能够成为团队中的好成员、忠实的战士和朋友。当他人在为自身利益工作时,他们会为了某种理想而工作。

第七章　6号　怀疑论者（忠诚型）

亲密关系中的6号

6号性格者往往拥有长期的婚姻，因为他们愿意面对"婚姻中的问题"，而且觉得有责任去"解决问题"。他们通过不断的承诺来表现自己的忠诚："我会留下来，直到我的丈夫/妻子完成学业。"或者"我会留下来等孩子长大。"

6号性格者会担心如果自己表现得过于亲近或过于依赖对方，会让他们在婚姻中处于不利地位，但是他们的承诺会消除这种疑虑。如果夫妻双方需要携手面对外来的危险，6号往往更容易感到幸福和快乐。当夫妻需要一致对外时，6号会与对方患难与共，会变成忠诚的伙伴。

6号喜欢去设计一个幸福的未来，在他们看来，幸福的未来意味着家庭的责任都履行了，该偿还的房贷都还清了。但是当这样的时刻真正来临时，他们却不太容易感到快乐和轻松。

信任是一个关键因素。6号性格者往往更喜欢扮演给予者的角色，这能让他们感到更多的爱。为了稳定双方的关系，6号会选择一种方式来帮助对方实现他或她的目标。这时他们的伴侣是值得信任的，因为6号知道该如何帮助对方，知道该怎样让对方快乐。6号的付出并没有什么刻意的企图，他们不是为了得到回报才付出的。他们讨好伴侣的目的就是为了让自己感到安全，他们甚至能够

容忍对方的一些极端行为。

一旦他们知道了自己也会受到对方的影响时,他们就会产生另一种反应。如果6号知道了自己也会被伴侣伤害,知道了伴侣所做的事情可能很糟糕,知道了伴侣可以控制自己的欲望时,他们就会很生气。他们会产生一种冲动去拒绝这种快乐,去断绝这段关系,或者把自己分割到不同的关系中。

6号具有很强的想象力和思考能力,但是他们很难坚持到底。浪漫的爱情最初是充满吸引力的,但可能突然就变得令人怀疑了。这是种约束,如果再继续下去,可能要受到伤害;如果退出,就错过了一切。6号想要保持双方的关系,但又害怕不长久。

时常出现的怀疑并不意味着6号要脱离这段情感关系。正相反,怀疑可能是一种让他们留下来的方法,因为怀疑能够减弱他们因为想要得到某人而产生的恐惧。长期的情感关系很多时候都会带有疑虑。这些担忧一定要表达出来,否则就会成为6号的心病。表达疑虑也是赢得信任的一种方式,尽管它可能为伴侣带来痛苦。

不安全感有时也能带来坚固、长久的婚姻。只要6号确信婚姻是可以维持的,他们往往就会主动承担更多责任。他们的需要其实很少。他们不需要得到太多关注,并且会十分忠心于他们所信任的人。他们会把自己的安全和忠心交给一个特定的对象。

6号会依恋于某人,不是因为外表、地位,或者对方能够提供什么样的物质生活。这种投入的最高境界就是自我牺牲。忠贞的6

号会把自己的爱人放在第一位。

一旦感到害怕，6号会立即采取行动。当妄想达到高峰时，他们不是斗争，就是逃跑。

6号在受到威胁时可以表现得非常霸道。进攻掩盖了内在的怀疑。他们的想象把对方的力量夸大了。他们为最坏的情况做好准备。6号根本不会意识到，他们是在把双方的关系往火坑里推。他们为对方提供了分手的借口。

职场中的6号

在工作中，6号性格者往往表现出：

■ 有很强的分析能力。注意力会转移到问题上，站在反对者的立场上思考。对显而易见的事情表示怀疑。

■ 高估权威的力量。会把精力投入到那些看上去很权威，但实际可能并没有那么厉害的人身上。害怕被比较，这让他们感到自己很弱小。

■ 面对自己的软弱，要么向权威寻求保护（依赖者），要么战胜它（反叛者）。

■ 为了掩盖内在焦虑而把自己打造成超级英雄。要向他人证明自己。强硬到底，战胜恐惧。

- 在处于劣势时，更能够全力以赴。保护失败者。让企业扭亏为盈。
- 对任何弱点都很敏感。喜欢唱反调。
- 行动会突然瘫痪。当成功已经清晰可见时，反而无法有效前进；把工作搞砸，忘记时间，遗失重要的文件。在处于成功的位置时，反而感到危险。

作为领导的 6 号

作为领导者的 6 号在处于逆境中时反而会迸发活力。他们往往是在企业遇到危机时，表现得更坚定、更有力。当与困难较量时，他们不再怀疑，而是集中注意力开始行动，并投入比平常更多的力量和智慧。当他们完全投入到行动中时，害怕就消失了，因为害怕只能存在于心中，而此时他们心中只有他们要做的事情，根本没空儿害怕。

当胜利的时机已经成熟时，内在心境发生了变化。6 号不再充满活力，他们的兴趣也大不如前。在找不到斗争的对象时，行动变得迟疑。处理事务的程序变得重复而繁琐，不再像危机状态下那么简单利落。决策的制定开始滞后。很多计划都在考虑之中，无法实施。

6号需要在成功后直接获得诚实的反馈，包括恰当的、言之有理的反对意见。这次成功中有哪些不足？有谁在午餐时提出了批评？

6号对于唾手可得的成功感到矛盾。在长征的途中，他们会是出色的领导者。他们会号召大家团结一心，克服困难，因为困难就是他们关注的。

失去了斗争对象掩护的6号惊讶地发现自己成了众人瞩目的领导者时，要继续发挥作用就需要继续获得因为受到压迫而产生的动力。在失去了对抗力量后，坚持一项行动变得格外困难。6号关注的是那些给他们带来麻烦的问题，而不是那些积极的信息。

6号必须在消除了所有不好的可能性后，才会去关注积极的选择。一旦他们进入了新的项目，他们又会全力以赴，成为出色的问题解决者。如果大家都很积极，6号更会提高警惕。

作为员工的6号

作为员工的6号，要么是"我们中的一员"，要么就是反叛者。忠诚的6号通过承担责任、讨好团队来保护自己。反叛者则让进攻来决定谁能获得安全。反叛性的6号喜欢挑衅。他们质疑现状，只是为了弄清楚每个人的立场。

6号喜欢清晰的指示，明确的惩罚和权责分明的工作关系。如

果他们的想法和努力得到认可,他们会表现出极高的创造性和合作性,尤其是在他们的工作可以确保自己未来的安全时,他们很愿意帮助他人。只要领导对他们诚心,他们就会忠心耿耿。

安全感来自于掌握全部信息。他们宁愿获得坏消息,也不愿被蒙在鼓里。当他们知道错误时,错误就是可以被原谅的。秘密让他们感到被操纵,让他们想要反抗。任何不平等的权力分配都会引发他们内心的担忧。当他们的安全依赖于权威的善意时,6号想要知道所有细节信息。

当6号必须和他们每天都要相见的人展开竞争时,他们会十分难受。如果他们赢了,他们会很内疚;如果他们没有全力以赴,他们的感觉也很糟。常常有6号放弃前途一片光明的工作机会,因为他们无法在一个充满竞争的环境中出色发挥。

在团队中的6号

团队中的6号非常关注办公环境中的人际关系。他们的安全感在很大程度上取决于他们是否被他人接受,因此和什么人在一起工作可能和工作本身同样重要。

如果团队中有咄咄逼人的明星,6号有可能向他们挑战,要求获得平等对待,也有可能感到被控制了,煽动其他成员一起"反对

第七章 6号 怀疑论者（忠诚型）

强权"。

只要是在安全的环境中，6号就是出色的团队成员。在不确定的环境中，6号的才能就无法发挥。他们会怀疑他人的好意。模糊的信息，私下的勾结，激烈的竞争会让他们选择放弃。如果他们感到失望，就可能成为破坏性的力量。

6号适合的环境

6号性格者喜欢等级分明的环境，权力、责任和问题都一清二楚。他们可以从事警务工作，也可以到大学攻读研究生课程。一个处于权威地位的6号，要么会完全按照规章制度办事，要么则站在反权威的立场上组织大家反对现有的规章制度。他们还喜欢自己给自己干活，这样就不必受到领导或老板的控制。

6号不适合的环境

6号不喜欢的工作包括那些具有强大压力，需要在毫无准备的情况下，现场制定决策的工作。他们也不喜欢那些需要和他人竞争、背后勾心斗角的工作。

九型人格

6号名人

美国著名导演伍迪·艾伦（Woody Allen），他把自己扮演成典型的恐惧症型6号，是一个非常著名的怀疑论者。"水门事件"（美国历史上最不光彩的政治丑闻之一，最终导致总统尼克松于1974年被迫辞职。）中的一个重要人物——戈登·利迪（Gordon Liddy）是典型的反恐惧症型6号。这位曾担任美国联邦调查局探员的6号性格者自己透露说，他曾经强迫自己吃掉一只老鼠，为了克服自己对老鼠的恐惧感。

伍迪·艾伦
Woody Allen

戈登·利迪
Gordon Liddy

其他著名的6号性格者包括：

★克里希那穆提（Krishnamurti）：1895-1986，印度著名哲学家。在西方有着广泛而深远的影响。他主张真理纯属个人了悟，一定要用自己的光来照亮自己。

克里希那穆提
Krishnamurti

第七章 6号 怀疑论者（忠诚型）

★简·方达（Jane Fonda）：美国著名女演员。

简·方达
Jane Fonda

★吉姆·琼斯（Rev. Jim Jones）：1931-1978，邪教人民圣殿教（The People's Temple）创立人，宣称世界将要毁灭。

★福尔摩斯（Sherlock Holmes）：侦探小说中的虚构主人公，一位理性又博学的英国绅士，一位具有高度科学头脑的私家侦探，精通侦探业务所需的多种专长。

福尔摩斯
Sherlock Holmes

★希特勒（Adolph Hitler）：典型的反恐惧症型6号。1889-1945，纳粹德国独裁者。

希特勒
Adolph Hitler

★哈姆雷特（Hamlet）：恐惧症型的6号。莎士比亚悲剧中的主人公，后专指优柔寡断的人。

哈姆雷特
Hamlet

九型人格

6号性格的闪光点

怀疑论者认同的是那些被压迫者的事业，他们愿意为了一个理想而付出忠诚、不求回报的努力。为了履行自己对他人的责任和义务，他们愿意做出大量的自我牺牲。他们不追求即刻的成功，因此6号能够从事那些不需要社会认可的工作。他们可以为了一个有价值的冒险去挑战权威，去面对打击，尤其是在拥有同伴支持的时候。

6号性格者能够洞察深层的心理反应。他们愿意为了内心的追求去冒险、去牺牲、去忍受痛苦。

6号的高层心境：信念

6号性格者把决策制定的大半时间都花在了怀疑上。他们想出一个主意，然后开始想"很好，但是……"。他们总是努力让自己的想法变得更加完美，把那些错误或风险都排除掉。他们首先提出一个想法，然后以同样认真的态度去反对这个想法。

在学术研究领域，健康的怀疑往往能够让科学更精准，让程序更可行，让关系更清晰。但是那些过于坚持怀疑主义的人，往往忽视了他们内心的真实感受。

没有什么是永恒的，怀疑和猜测总是会在他们心中生根发芽。

对于已经习惯了怀疑的6号来说，成功的希望总是很容易就被不必要的担忧消灭了。他们需要拥有强大的信念才能继续自己的修行、自己的爱情和自己的工作。

6号的高层德性：勇气

所谓勇气，是让身体能够在不思考的状态下自如活动，让行为出现在思维之前，让自身的行动不受自身性格的影响。

和所有人一样，6号性格者往往也忽视了那些控制他们生命的核心问题。

一个6号性格者可能不会觉得自己比别人更害怕，而且也不会意识到，个人的思考方式和情绪表达会导致长期的惯性思维。就像那些长期生活在战争中的人往往是在获得和平后才感到战争的可怕一样，怀疑论者往往是在自己的恐惧感消失后，才意识到自己曾经多么畏惧。

对6号的建议

6号性格者在行动上的延迟有很多种表现形式，但最集中的表现就是无法让事情善始善终。典型的表现包括：不停变换工作，总是怀疑自己的领导和同事，在任务即将成功之际给自己寻找摆脱的借口。

6号之所以会寻求帮助是因为他们感到害怕，还因为他们的爱情也经常出现问题。他们把这些问题归结为自己害怕掌握权力。

6号要求他人和自己一样去严肃对待他们主观上的畏惧感，哪怕所有的担心不过是在传达错误的信号。他们无法分辨哪些畏惧是自己的想象，哪些是有事实依据的，因此哪怕稍稍检验一下这些畏惧的真实性，对他们也是非常有价值的。

如果他们能站在中立的立场上去分析问题，大量的疑虑都会消失。怀疑论者需要他人的帮助，让他们把注意力集中在积极正面的目标上，而不要被怀疑包围。

怀疑论者需要一步一步脚踏实地地接近自己的目标，而不是采取错误鲁莽的行为来掩饰内心的害怕。他们还需要注意，不要让过去的负面经历影响了自己。6号性格者可以通过下列方式帮助自己：

◆ 学会通过现实来检验自己的畏惧感。检查所有的事实。把内心的害怕告诉一个值得信任的朋友，听听对方的反应，用事实结果来检验自己的思维判断。

◆ 注意自己有从他人的行为中寻找潜在企图的习惯。当他人表现出敌意时,首先检查自己是否率先表现出了进攻的倾向。

◆ 不要让怀疑为自己关上帮助的大门。在感情关系中,自己的怀疑破坏了双方信任的基础。

◆ 不要总是与他人划清界限。不要总是询问他人的立场。注意到自己总是希望就指导方针与他人达成一致。

◆ 打断自己对他人的观察,不要总是强调他人是否言行一致。

◆ 注意到什么时候自己的思维取代了感觉和冲动。

◆ 不要总是把别人都看作是没有能力或者不值得信任的人,好像其他人都是行动的阻碍。

◆ 学会保持联系。不要因为害怕而退出,并认为是对方抛弃了自己。

◆ 注意到自己喜欢怀疑他人的好意和恭维,尤其是在自己放松警惕的时候。

◆ 承认自己胆量不够。总是需要得到权威的许可才敢行动。

◆ 注意自己喜欢质疑权威,而不是去寻找双方的共同点。

◆ 认识到自己往往只会想起糟糕的事情而不是快乐的经历。提醒自己去回忆那些快乐的记忆。

◆ 利用自己的想象力,去想象和表达正面的结果。如果注意力总是集中在糟糕的结果上,那就通过想象力把负面的结果夸大,

九型人格

让自己发现原来现实还不是最糟的

当注意力发生转移时，6号性格者需要注意避免下列反应：

◆ 对潜在的帮助表示怀疑，宁愿自己单干。

◆ 对成功感到害怕。害怕超越了父母。

◆ 随着畏惧感的产生，觉得自己变得被动了，觉得自己失去了棱角，开始犹豫不决，不愿再把项目完成。

◆ 希望自己比那些准备帮助自己的人更出色。

◆ 喋喋不休。让大脑控制了心灵。让言语和分析取代了实际行为和来自内心的感受。

◆ 越来越明显的自我怀疑，而且很容易把怀疑投影到他人身上，认为是他人也对自己的能力产生了怀疑。

◆ 妄自尊大。把改变的过程弄得过于复杂。对结果不切实际的幻想阻碍了完成现实目标的逻辑行动。

第八章

7号 享乐主义者
（欢乐型）

7号的世界观
世界充满了机会和选择。我憧憬未来。

7号的主要性格特征

7号性格者的主要特征包括：

■ 需要保持高度的兴奋。同时参与多项活动，对很多事情都感兴趣。喜欢保持感情的高峰状态。

■ 保持多种选择，并当作一种避免对单一任务进行承诺的工具。

■ 用快乐的精神活动，比如谈话、计划和思考来取代深层的接触。

■ 避免与他人发生直接冲突。

■ 喜欢把信息相互关联进行系统分析，从不相关或者看似矛盾的观点中找到不寻常的联系和相似点。善于从有困难或有限制的任务中理智性地逃脱。

7号看上去一点都不害怕。他们给人的感觉很放松、很阳光，喜欢计划并把计划付诸实行。他们把自己的思想集中在对成功未来的规划上，多疑症状（6号的表现）并不会在他们身上出现。

第八章　7号 享乐主义者（欢乐型）

7号是恋青春狂，希望自己是永远长不大的孩子。他们的性格也很像希腊神话中的美少年那西塞斯（Narcissus）。

每个人都需要一点点健康的自恋。我们都需要发现自己独特的价值和特质。但是如果我们过于沉迷于自身的独特性中，而对于那些反映客观真相的建议视而不见，那就有问题了。享乐主义者就是这样的人，他们坚信自己是出类拔萃的，他们只寻找那些支持他们观点的环境和人。他们拥有细腻敏感的品味，希望享受生活中最美好的一切。他们喜欢保持积极乐观的情绪，喜欢冒险，并对结果充满期望，似乎有一种化学力量让他们不断挑战极限。

7号性格者的世界观在20世纪60年代的反文化运动（counter-culture movement，上世纪60年代美国青年人当中形成的一种以反战和反主流文化为特征的价值观和生活方式）中相当流行。在那个佩花嬉皮士（上世纪60年代在美国出现的一批佩戴鲜花，宣扬"爱情与和平"的反战嬉皮士）流行的年代，7号性格者的理想得到了最纯洁的阐释。那些佩戴鲜花的年轻嬉皮士，他们脱离世俗、自由奔放、回归简单的生活，把社会最大限度地理想化。

随着这场运动的发展，7号性格者世界观中的阴暗面也开始浮现。他们坚持理想中的现实，但是又无法让这种理想状态在现实中实现。他们的态度变得极度主观，个人身上的任何特点都被高度强调，最后把自己变成了过于自恋的那西塞斯。

自我欺骗的效应越来越严重，"哼，我就高兴我是我！"这种

内心的毒药取代了改变外在的要求,心理上的自言自语和漂亮的逃避取代了真正的努力和付出。

7号性格者相信生命是没有止境的,总是有令他们感兴趣的事情等着他们。认为如果生命不去冒险,又有什么意义呢?为什么在可以前进的时候坐在那里不动呢?

7号喜欢同时拥有多种选择,并且为自己安排后备计划。他们往往准备了过多的计划,结果无法让自己完全投入到某件事情中。他们心里考虑的是"哪个计划是目前最合适的"。如果A计划被取消了,就去执行B计划。如果B计划无法进展,我们还有C计划。如果A计划失败了,而C计划又太无聊,我们至少可以选择B,而B计划可能会引出D计划。

从防御策略上看,根据一系列连续的选择来计划未来,能够增强生活中的愉悦感,消除枯燥和痛苦。比如,一个在鞋店里工作的7号性格者,可能会把街对面那家和自己老板争夺市场的竞争对手当作另一个后备选择。他们可能会想象自己在对面那家店里做同样的工作。这样的计划对于7号来说很自然,他所关注的是两份工作的相似性,却不会意识到这两家鞋店是多么敌对的竞争对手。

从积极的方面来看,这种注意力集中的方式能够带来具有创造性的解决问题的方式,能够在看似冲突的观点中找到正确的联系。7号性格者几乎拥有了世界上最乐观的世界观。正因为如此,他们对未来雄心勃勃,幻想最好的机会和最满意的生活。

第八章 7号 享乐主义者（欢乐型）

他们是童话中的小飞侠（Peter Pan），那个像孩子一样天真的成年人；他们是恋青春狂（puer aeternus），渴望永远年轻。他们对任何事都是一知半解，不断更换恋人，感情肤浅，爱好冒险，喜欢美食与美酒。他们从来不愿意做出承诺，总是希望拥有多种选择，总是希望处在情绪的高潮中。他们是乐天派，喜欢前呼后拥的感觉，做事常常半途而废。

进化后的7号性格者可以成为优秀的综合管理者、理论家、也可以成为一个多才多艺的人。

亲密关系中的7号

7号性格者会通过与他人共享美好事物来建立亲密关系，但是他们会十分在意承诺的束缚。当所有的可能都存在时，他们是最高兴的。

7号喜欢去冒险尝试所有的美好，而不愿去单纯地享受一顿完整的大餐。如果要他们完全投入到一次情缘中，不管是多么诱人，都会让他们感到枯燥和厌烦，因为他们觉得这种承诺限制了他们拥有其他罗曼史的可能。

通过一起做事，一起讨论感兴趣的话题和美好的事物，7号与他人建立亲密关系。这种谈恋爱的方式是具有冒险性的，因为这样

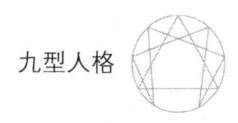

的交流往往让他忽视了生活中平淡无奇的一面。一旦出现了问题，7号会选择大量活动让自己忙碌不停，让双方没有讨论问题的时间。

冲突和责备是自恋者无法接受的，这等于证明了他们的失败。他们总是喜欢把严肃的谈话安排在日程表上，然后通过临时变故，取消原定计划。

在某种意义上，7号并没有生活在真正的情感关系中，因为他们的内心总是充满了关于情感关系的各种想象。但是从另一方面来看，他们非常善于让一个情绪不佳的伴侣重新快乐起来，因为他们总是能找到快乐的理由。

不过，7号性格者这种喜欢用快乐情绪取代负面感觉的习惯也会给他们带来烦恼，如果伴侣无法从痛苦中摆脱出来，无法露出笑脸，7号会认为自己的乐观精神受到了限制。7号说，他们为了回避伴侣的抑郁情绪，常常会为自己安排一系列活动，让自己远离家庭。

尽管最终的承诺很难，7号也会在分手后怀念美好的时光。他们对于爱情的理想设计是伴侣能够加入到那些他们喜欢的活动中来。他们希望"生活是美好的"这个想法能够在伴侣身上得到印证。他们希望双方的关系中没有限制和约束。如果这种完全美好的景象无法实现，那么第二美好的选择就是保持对7号具有吸引力的友谊，不至于让7号感到厌烦。

第八章　7号　享乐主义者（欢乐型）

如果伴侣缺乏快乐精神，他们就会想要离开。他们会把离开当作对原有承诺的理性思考，会以意外事件为借口来改变自己的原有计划。

7号的选择是在不断变化的，优先权在随时调整。如果一项活动失败了，他们会马上投入到下一项活动中。当他们对一项活动感到厌倦时，认为一定是自己的选择有误。他们会迅速调整，快乐的方向就是他们摆脱困难的路线。

7号不愿面对负面情感。让他们坐下来感受悲伤简直是不可能的。他们的心思会立即转移到积极的选择上——能给他们带来快乐，让他继续前进的有趣选择。是否真的去做并不重要，他们只要从选择的可能性中感到快乐就够了。当伴侣坚持要讨论负面影响时，7号会觉得是伴侣要强迫他们面对不高兴的事情。如果他们无法摆脱，他们就会很生气。

在7号真正动怒之前，他们往往会去寻找多种解决途径，想方设法逃走。当他们在四处张望，寻找出口时，是很难把他们堵在角落里的。他们想要积极的结果，他们自我感觉良好，而且他们能言善辩。

7号可以把你说得晕头转向，让你改变想法。当你发现他们在偷吃饼干时，他们反而会指责你太小气，对几块饼干那么在意。你应该眼光放开一些，去关注那些大问题，去感受生活的甜蜜。他们把讨论的焦点从偷吃饼干扩大到生活的意义，一旦内容被扩大了，

几块饼干也就无足轻重了。

年轻的 7 号为自己的现实下定义。他们让自己投入到某个过程中，但不会去关注过程的具体细节。冲动是他们的本质表现。他们在见到新鲜事物的第一瞬间，就愿意去尝试，去冒险。他们会拖到最后一分钟才做出决定，这不是不负责任，而是他们喜欢那种能够改变想法的可能。亲密常常包括了与他人分享想法的冲动。我们属于彼此的未来，让我们赶快想象一下一起生活的各种可能吧。

决定性的选择让他们感到为难。这意味着放弃其它选择。选择说明他们无法拥有全部，危害到了他们未来的快乐。享乐主义者的思想会关注消失的选择。

限制性的选择会让 7 号很生气，闷闷不乐。他们会把怒火发泄到他人身上。受到限制让他们感觉地位降低，好像中了圈套。当 7 号感到困难时，他们就会看到限制。

另一种逃避要更加隐蔽，往往具有欺骗性。人们以为 7 号点头就表示同意，而实际上他们可能只是认可了问题的某个方面而已。他们的承诺是带有水分的。比如，如果他承诺一夫一妻制，他认同的可能是夫妻双方互敬互爱，而不是一生只爱一个人，他很可能还是会爱上其他人。

很多 7 号性格者倾向于把打破承诺的后果最小化，强调"爱有什么错？"的说法为自己推卸责任，认为一切都是因为情不自禁。

第八章　7号　享乐主义者（欢乐型）

职场中的 7 号

在工作中，7号性格者往往表现出：

■ 希望权力均衡。这可能导致公正、公平的安排，产生一个不允许发号施令的环境。如果没有人指挥，那人们就能随心所欲。

■ 顽固坚持不切实际的想法和没有用的方法。认为想法和理论比实际执行更重要。宁愿冒险选择新的方法，也不愿遵循常规。

■ 用寻找漏洞代替直接对抗。站在反权威的立场上，通过给规则重新定义来逃避约束。

■ 越是自由的项目越能够出色发挥。不走寻常路。能够把各种想法和途径综合联系在一起。把手头项目和其它兴趣相联系。

■ 自我评估很高。通过把自己与他人比较，来保持良好的自我感觉。负面的反馈会打击他们正面的自我形象。

■ 喜欢说服他人成为自己的支持者。对于他人的异议进行重新解释。提出的建议听起来总是充满希望。他们不排除各种可能性，拿出一个明确的计划却不考虑后备方案。提供的方案看似令人信服，其实却漏洞百出。

■ 乐于与他人合作，是办公室里最受欢迎的人。

九型人格

作为领导的7号

作为领导的7号能够把不同的信息联系在一起,组成一个连贯的体系。他们对于未来的积极景象非常坚定,能在不同的系统中看到合作的基础,用非常新颖的方式把各种力量组合在一起。成功的7号常常出现在具有创新性、展望性的行业中。

能说会道又令人信服的7号领导能够调动大家的热情,让大家鼓足干劲为他们的目标服务。在那些快节奏、快变化,需要数据收集和计划的环境中,7号最能发挥自己的作用。他们往往在项目的起步期表现出色,能够在压力下快速思考和行动。他们更适合成为计划者,而不是实施者。他们是容易改变主意的艺术家和创意丰富的人。他们往往同时有好几个项目在进行中。7号是那种不喜欢一段时期内只读一本书的人。他们的每个房间里都摆着没看完的书。

7号很容易对重复性的工作感到厌烦,这让他们很容易改变主意,或者开小差。7号的工作指令可能是模糊不清,甚至互相矛盾的,而且他们在工作中缺乏监督。危机已经发生了,而7号老板还在享受自己的假期。

7号很有可能让那些向他们传递坏消息的人感到内疚,不愿意发现自己的错误。他们总是把自我形象理想化,总是感到被他人的约束所阻挡。看上去完美无缺的计划在实施中出现了偏差,那一定是那个负责执行计划的人犯了错误。面对失败时，7号不是看到自己的问题，而是把失败合理化，重新解释，重新建构。经过他们加工过的版本绝对要比真相好听很多。

为了逃避限制而获得的短期利益将可能导致因为错失机会而产生的长期痛苦——没有痛苦付出，哪里来的收获呢？7号渴望权力均衡，不愿承认他们的实际能力，这也可能让他们与他人产生冲突。他们倾向于避免冲突，尤其是避免破坏自己形象的批评。

作为员工的7号

作为员工的7号喜欢工作的过程，喜欢在一项工作中大家相互尊敬、用心投入的感觉。过程比结果更重要，领导说了什么并不是他们最关注的事情。他们真正在乎的是同事的认可。

7号喜欢均衡的权力，难以服从机构的各种规章制度。当他们受到规则约束时会对规则挑三拣四，满腹牢骚，或者想办法逃避。

7号还是学习的快手。他们喜欢快节奏的有趣工作，能够让他们有多种行动的可能。他们喜欢领导只给出总体安排，具体细节可以自己在实践中学习。在按部就班、毫无新鲜感的工作环境中，他们往往无法出色发挥自己的才能。

九型人格

在团队中的 7 号

在团队中的 7 号能够确保为团队提供新颖的想法和有关领域的最新发展。他们不断接纳新的知识和信息。他们会是新技术的最先掌握者，在他们感兴趣的领域，他们会是领头人。他们喜欢与进行相似工作的团体保持联系。他们是很好的团队代表。他们可以为自己的产品卖力宣传。

他们是敢于冒险的典型，喜欢新的选择，新的方向，新的方案。他们可以看到大部分人都无法看到的潜在可能性，而且他们愿意为所有的可能性去进行试验。7 号"不切实际"的坚持和他们常常分散的注意力会让其他团队成员无法认同。

7 号适合的环境

7 号性格者可以成为编辑、作家或者讲故事的人。他们往往是新模式的理论家。他们是计划者、组织者和创意收集者。他们寻找让自己情绪积极向上的自然途径。

他们是永远的年轻人，为了保持自己的健康和活力，他们会经常光顾健身中心和保健食品商店。他们的形象会出现在医疗保健杂志上。他们是理想主义者、未来主义者，也是世界级的旅行者。他们还是美食和美酒的热衷者。在大学里，他们是跨学科研究的带头人和推动者。

7号不适合的环境

通常，我们不会在例行公务的工作中看到7号的身影，因为这样的工作是没有冒险精神的。实验室里的技术人员、会计和其他可以预计结果的工作，都不会是7号的选择。另外，他们也不喜欢为一个苛刻的老板工作。

7号名人

美国四格漫画家杜鲁多（Garry Trudeau）创作的连环讽刺漫画《杜尼斯伯里》（Doonesbury）就有一位典型的7号性格者。他就是宗克（Zonker），他在耶鲁大学的学习是断断续续的，他相信对自己真诚要胜过辛劳的工作。

九型人格

其他著名的 7 号性格者包括:

★梭罗(Thoreau):1817-1862,美国诗人、作家、自然学者,是超越主义运动的领导者。

梭罗
Thoreau

★小飞侠(Peter Pan):同名童话故事的主人公。

小飞侠
Peter Pan

★库尔特·冯内古特(Kurt Vonnegut):美国当代作家。作品在现代生活的暴力和变异中显示同情和幽默。

库尔特·冯内古特
Kurt Vonnegut

★格劳乔·马克思(Groucho Marx):美国喜剧演员。

格劳乔·马克思
Groucho Marx

第八章　7号　享乐主义者（欢乐型）

★奥修（Osho）：1931-1990，印度哲学家、世界古宗教研究者、神秘学家、梵文研究者、瑜珈研究者。

奥修
Osho

★汤姆·罗宾斯（Tom Robbins）：美国畅销书作家。

汤姆·罗宾斯
Tom Robbins

7号性格的闪光点

7号性格者对那些创造性的可能永远充满兴趣。他们喜欢帮助他人，为他人带来新的想法。他们会是出色的网络工作者和智囊团的策略提供者。

在工作的初始阶段，他们的作用尤其明显。他们愿意去尝试，愿意把新的理念注入到自己的想法中，愿意从反对者身上发现共同点，愿意去发现所有事物的美好面。他们擅长在项目的黑暗期或者情感的危险期，带动周围人的积极情绪。对于冒险性的计划他们充

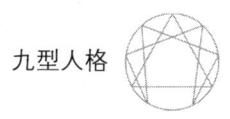

满了兴趣和能量。他们愿意为一个有趣的项目、一个有意义的目标努力工作，而不是像他人那样为了薪水和个人利益工作。

7号的高层心境：工作

7号性格者的逃避有两种表现。首先，如果他们的计划充满了美好幻想，他们就宁愿沉浸在这种想象中，而不愿去面对现实中的枯燥工作。为什么不能生活在梦中，让别人来替我付账呢？

工作意味着对一件事情做出完全承诺，意味着认真对待一件事情，而不是在多种选择之间徘徊，因为你不愿错过任何好东西。工作意味着一定程度的自我约束。

7号的高层德性：清醒

清醒，简单地说就是能够坚持一项活动，不会被其他事情干扰，不会被兴奋的后备计划吸引。7号说，他们害怕放慢脚步，让自己投入到单一的行动中，因为承诺总是意味着枯燥和痛苦。

从精神层面来看，7号喜欢想象积极正面的事情，他们会沉浸于自己的想象能力中，当他们能够纵容自己的欲望，感受尽可能多的刺激时，他们还会感受到一种身体上的兴奋，就如同醉酒后的疯狂。

7号性格者的心中装满了对未来的宏伟计划。在他们的宏伟蓝图中，他们的各种爱好和舒适享受被集合成一个整体：生活中没有冲突，所有事情都顺顺利利，有很多刺激，没有困难和障碍。

给7号的建议

由于他们急于得到快乐，把快乐作为自己的心理防线，他们很多人都会面临各种各样的问题。

享乐主义者需要认识到自己对快乐的盲目追求。他们的注意力忽视了现实的痛苦，只看到积极的幻想或其他愉快的行为。7号性格者可以通过下列方式帮助自己：

◆ 认识到自己总是被青春和活力所吸引。让自己看到年龄增长和成熟的价值。

◆ 学会让自己面对痛苦，直到发现问题。不要总是觉得："如果我需要帮助，我就是有缺陷的。"

◆ 注意到自己出现精神逃避时的情况：过多计划、多项活动、重新选择、未来设想。当自己的想法和活动都在高速运转时，7号实际上是在逃避现实。

◆ 认识到自己只去想象痛苦的感觉,而不是去接受真实的体验。

◆ 不要沉溺于表面的快乐,而忽视了深层次的体验。

◆ 不要用虚假或者不成熟的情感发泄取代深层次的情感反应。注意到自己总是害怕做出深入的承诺。

◆ 不要觉得自己总是应该获得特殊待遇。

◆ 发现他人的批评和自我评价之间的差异,学会正确地评估自己。

◆ 注意到当自我价值遭到质疑时,自己会很害怕,会渴望重新振作起来,重新获得高人一等的感觉。

◆ 当良好的自我感觉遭到质疑时,尽管十分愤怒,也要学会控制自己的情绪,继续完成工作。当情感出现问题时,不要对爱人产生两极化的看法,要么认为对方全是错的,要么认为对方全是对的。如果事情看上去很糟糕,要学会接受现实,而不是胡思乱想。

◆ 认识到自己喜欢把事物美化,喜欢让事情变得更有趣,总是想象得比实际更好。

◆ 认识到自己喜欢为自己虚构一个故事,以避免受到痛苦的伤害。这种令人愉快的故事与事实关系甚微。

◆ 认识到自己喜欢逃离现实,躲在自己的幻想和虚假情感中。学会生活在现实中,而不是逃避。

当变化出现时,享乐主义者应该注意到自己的下列表现:

第八章　7号　享乐主义者（欢乐型）

◆ 对心理治疗感到厌倦，开始向心理医生献殷勤，送小礼物，让自己的注意力转移到有趣的精神追求上。

◆ 觉得自己高人一等。瞧不起温柔的心理医生，认为对方很可笑。瞧不起普通百姓的生活。

◆ 在遇到困难情况时，会在脑海中联想很多其他情况，让眼前的困难失去威力。

◆ 当承诺出现问题时，希望加速完成自己的活动。在失去其他选择时，感到焦虑不安。

◆ 不想当领导，也不想被领导。希望与权威平起平坐，避免受到他们的命令。

◆ 一旦现有问题出现了好转，就想要离开心理治疗。急于恢复健康状态。

◆ 喜欢改变，喜欢把现有问题赋予更高的含义。

◆ 对过去的负面经历产生错误的记忆。

◆ 通过取笑问题，来表达自己的愤怒。认为遇到的问题很可笑。认为他人的担忧都是微不足道，令人发笑的。

第九章

8 号 保护者
（领袖型）

8号的世界观
世界是不公正的,我要保护那些无辜的人。

8号的主要性格特征

8号性格者的主要特征包括:

■ 控制个人的占有物和空间,控制那些可能影响自己生活的人。

■ 具有进攻性,公开表达自己的愤怒。

■ 关注正义,喜欢保护他人。

■ 把打架和性爱当作与他人接触的方式。相信那些在正面冲突中不退缩的人。

■ 把过度看作克服厌倦的良药。夜生活、疯狂娱乐、彻夜狂欢、暴饮暴食……

■ 难以意识到自我的依赖性。当别人爱上他们时,他们会通过各种方式拒绝真实情感,比如离开、认为无聊或者暗自谴责自己对他人的误导。

■ 常常把所有事物极端化,"要么全有要么全无"。他人要么是强大的,要么是弱小的,要么是公平的,要么是不公平的,没

第九章　8号　保护者（领袖型）

有中间类型存在。这种注意力的关注方式导致无法认识到自身的弱点。

8号性格者把自己当作保护者。他们为朋友和那些无辜的人提供庇护伞，让他们躲在自己身体后面，自己则挺身而出去和那些不公正的恶势力进行斗争。

8号不会在冲突中退缩。相反，他们认为自己是正义的执行者，他们为自己能够保护弱小者而感到骄傲。他们表达爱意的方式也往往是强有力的保护而不是温柔的情感流露。在8号看来，对爱的承诺就意味着让伴侣安全地依偎在自己的保护伞下。

8号关注的核心问题是控制。谁掌握权力，他是否公平？他们喜欢领导者的位置，希望能够用自己的能力来控制局势，希望控制其他强劲的竞争者。

如果8号处于下属的位置，他们会尽量忽视要被人领导的事实。如果缺乏清楚的惩罚措施，他们会有意挑战规则。如果他们处于领导者的位置，8号会希望拥有一个安全的个人王国。他们的策略往往是迅速控制全局，而不是通过协商或谈判的方式来寻找合作者。

保护者会通过类似打架这种正面冲突，来考验对方的动机。他们与朋友打架实际上是为了争取更亲密的接触，因为8号认为，真相往往来自正面的对抗。但是一般人恐怕不会理解，亲密和愤怒可以紧密相连的事实往往让人感到不可思议。

8号强硬的外表实际上是为了保护自己，保护那颗从小就处于危险环境中，渴望找到依靠的心。许多8号自从失去了童年的天真后，就把自己的温柔埋葬在了心底。在他们长大后，再也没有流露出温情。

他们一生都习惯关注外界，习惯去寻找那些该受到惩罚的人，这种习惯导致的不幸结果是，当他们最终把注意力投向内心，发现我们每个人都要对自己的错误承担一部分责任时，他们很可能无法接受这样的现实，甚至产生自杀的力量。

8号不论怎样责备他人，都不会对自己进行惩罚。谴责和惩罚错误是他们的天性。只要找到一个值得谴责的明确对象，8号就通过合法渠道获得了控制权，把自己塑造成了正义的执行者、无辜者的保护神。外在的威胁会点燃8号心中的怒火，让8号产生一种强有力的感觉。他们可能也会害怕，比如害怕自己在对手面前变得脆弱，或者害怕信任的人背叛自己，但是这种害怕只是潜藏在内心，而内心的怒火总是能取代这种潜在的畏惧。

弱肉强食，优胜劣汰，这就是8号的世界观。因此，8号总是在用怀疑的眼光审视世界。对他们来说，安全意味着知道你要反对谁，同时知道谁会在你背后支持你。当他们面对压力时，他们的注意力会集中在双方力量的比较上，会去研究对方的弱点。对方是无辜的，还是有罪的；是朋友，还是敌人；是强者，还是懦夫？保护者很少会质疑他们自己的观点，研究自己的心理动机只会摧毁他们

第九章　8号　保护者（领袖型）

原本坚定的个人立场。

8号希望能够预测和控制自己的生活，但是一旦失去了保护者的身份，他们就会感到厌烦和枯燥。一旦行为规则被抛弃，8号往往会去破坏他们曾经坚持的原则。如果8号感到厌倦，或者有过剩的能量需要发泄，他们将制造麻烦。最常见的表现就是与他人打架，干扰朋友的生活，或者小题大做——"谁偷了我的土豆去皮器？欠揍的家伙！"

过度是另一种发泄多余能量的方法，也是8号性格者打发无聊的常用办法。只要是让他们感觉良好的事情，他们就会没有节制地做下去。彻夜狂欢，疯狂工作，直到疲劳过度。喜欢一种食物就一口气吃下三盘。一旦注意力锁定快乐，就很难再被转移到其他地方。他们喜欢好事接踵而至的感觉。如果参加狂欢，他们一定是那些曲终人散后，依然不愿离去的客人。

对于8号性格者而言，他们缺乏的是童年的天真，这种天真无邪的状态在他们为了生存而与外界斗争的过程中遗失了。

积极好斗、主动负责、喜欢挑战是8号的突出特征。他们无法控制自己，公开发泄怒火以展示自己的力量；对于愿意站出来接受自己挑战的对手充满敬意。

进化后的8号性格者可以成为出色的领导者，尤其擅于扮演那种孤胆英雄的角色。他们也可以成为他人强有力的支持者，愿意为朋友扫除前进道路上的一切障碍。

亲密关系中的 8 号

8号性格者是天生的孤独者而不是亲密爱人。一个孤独者一生只关注一个人,只保卫一块领域。在亲密关系的初期,8号对于爱和性的接受都是基于一定条件的:

"我们可以睡在一起,但是日常活动要分开。"

"我们是很好的性伴侣,但我们还不是最要好的朋友。"

对8号来说,亲密关系和友情是在两条线上联合发展的。双方需要在不断接触中交换观点,表明立场,然后把双方的关系建立在冒险、性爱以及双方共同感兴趣的活动上。

随着朋友关系朝着亲密关系发展,8号发现自己不能完全按照个人意愿行事了,他们要去征求对方的意见,这是他们不习惯的。伴侣的意见成了他们必须认真考虑的内容,这让他们觉得自己受到他人情绪的影响。保护者向来把自己看作力量的源泉,依赖他人绝对有违他们以自我为中心的力量体系。

8号会慢慢变软。在他们放下自己的心理防御之前,他们会选择为自己搭建一个安全的平台。搭建的方法就是让自己成为双方关系的控制者。他们会想要知道对方生活的一切信息,他们对于自己的伴侣要见什么人,在什么时间、什么地方做什么事情,都会有强烈意见。事实上,当8号发现自己已经离不开伴侣的爱时,他们还

第九章 8号 保护者（领袖型）

是不愿承认自己是依赖者，他们会把自己塑造成双方关系的强大保护者。他们会让自己变成双方关系的主导者，这很容易就发展成对伴侣生活的监控，他们通过这种方式掩盖实际的脆弱。

如果伴侣屈服于他们的监控，一种有趣的矛盾就出现了。8号当然很想成为主宰者，但是另一方面，如果伴侣拒绝他们的控制，他们会觉得对方更有吸引力。这种明显矛盾的思想，源于8号性格者对权力的天生态度。对于那些愿意屈服、接受控制的人，保护者可以预测到他们的行为，因此觉得他们是可信的。但是，保护者很容易就会对那些轻言放弃的人感到厌倦，如果对方不能成为有价值的敌人，他们就会失去兴趣。

因此，8号建立亲密关系的道路实际上也是对权力的不断考验，因为8号同样相信那些经历了考验，能够公平使用权力的人。那些反击的人，在开始会遭到粗暴对待，但是如果他们能够坚持立场，保护者就会像尊重自己一样尊重他们。

8号性格者把他们伟大的爱情描述为：把伴侣保护在自己的羽翼下。他们会逐渐交出关系的控制权，如果他们开始像相信自己一样相信对方。在与其他人接触时，8号会觉得自己还是一个孤独者，但是他们不再排斥自己的伴侣，因为他们已经把对方当作自身的一部分。

8号相信依赖会使他们变得软弱无力，因此拒绝承认自己内心柔弱的情感。他们误以为温柔就是依赖。对于8号来说，性与爱是

可以脱离的。妥协是软弱的表现，而接受则意味着害怕。柔软的情感是危险的，因为它会使人毫无防备地暴露于他人面前，很容易失去控制权并受到操纵。

你必须直截了当地质问8号，因为当他们专注于个人目标时，不会关心你的感受。他们一不留神就会成为自私自利的人，因为他们的思想总是关注于自己的目标，难以理会别人的反应。

无聊的8号会成为一个麻烦。在乏味的夜晚，他们躁动不安，可能开始异常地沉默，然后突然爆发，让你当众难堪。8号会公然拍着伴侣的肩膀，指着自己的手表大声说："我们还不能走么？"解决矛盾的办法是独立。不要强迫8号和你在一起，但可以把门敞开，如果他们想加入，他们自己就会进来，而你只要做好自己的事情就行了。

强硬的8号对于柔情毫无经验。恋爱中的8号对拒绝格外敏感。那些能够帮助8号学会温柔的人，需要绝对坦诚，能够在争论中坚持己见，不会在背后操纵他人，不会控制信息，不会以良好表现作为爱情的条件。

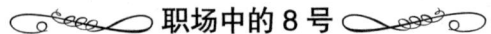

职场中的8号

在工作中，8号性格者往往表现出：

第九章　8号 保护者（领袖型）

■ 控制办公室的等级结构，设定界限以求自保。谁是领导？他是否公平？

■ 可能把妥协看作软弱。

■ 要确保自己的领导权。关注那些在工作中掌握控制权，能够一呼百应的强劲对手。尊重诚信的领导者，欣赏有实力的对手。

■ 会在不经意间对人员进行划分。想知道每个人的立场，想得到明确的回答。

■ 关注正义和保护的问题。

■ 直接表达愤怒，毫不隐藏。愿意发泄怒气，不愿心存芥蒂。

■ 要么跟我走，要么滚蛋。认为自己的观点是最正确的。

■ 支持符合个人利益的规则，反之则不然。

■ 要求完全的知情权。任何细微的变化都可能引发不满，认为自己被操纵了。

作为领导的 8 号

在商场上，作为领导的 8 号和 3 号都是美国风格的典型代表。8 号直截了当，具有攻击性。作为大家需要的先锋人物，8 号的价值在事业开拓期最为突出。当我们需要制定计划时，我们都会排队跟随在保护者身后，尤其是在项目的最初扩张期，希望 8 号能领导

大家力挽狂澜，给竞争对手以沉重打击。

当感觉极端化时，8号会陷入高效率的工作状态，他们会压制自身顺从的一面，直到工作完成。当他们全副武装地与对手作战时，他们只在乎实际损失，而不在乎内心脆弱的自我。在领导地位不受威胁的条件下，8号会是充满活力的公众人物。他们喜欢集权而不是授权，喜欢所有的事情都在自己的掌控之中。他们很可能为整个机构制定一套从上到下的全面计划。对他们亲自挑选的人会格外庇护。

在事业发展的稳定期，8号的领导才能就不是那么出色了。激烈的竞争远比日常管理工作要有趣。他们喜欢处理紧急情况，正常的发展让他们无所事事。如果8号找不到有效的渠道来消耗自己的精力，他们就对工作失去了兴趣。最好的办法就是在8号惹麻烦之前，把他们的精力转移到其它有用的项目上。充满活力的8号很容易因为一些小问题而大发雷霆，在办公室里胡乱干预各种事务。8号旺盛的精力使他们能够在工作中脱颖而出，担当重任，但也让他们因为小意外而导致大问题。

要和8号共事，关键的一点就是要善于表达自己的意见。你不必赞同他们的观点，但一定要让他们知道你的看法。不要因为害怕惹他们生气就篡改信息，要坦诚，要毫无保留。一旦出了问题，不要自作主张，要征求8号的意见。经常向8号汇报工作是和8号建立信任的关键。

第九章 8号 保护者（领袖型）

8号不愿意授权。他们想要控制一切。如果他们对他人委以重任，他们会密切关注最后的结果。当他们观察你的工作表现时，你不会知道自己正在接受考验。如果你的第一项工作干得不错，那么第二项也会随之而来。8号会在真正授权之前认真考察你的能力，看你是否能够把各项工作都做好。

8号很难去恭维或称赞他人。一次顺利通过的检查很可能意味着前面还有一系列的考验。你可能表现得很好，但却得不到任何表扬。

作为员工的8号

8号员工总是表现得像领导者一样，把真正的领导者撂在一边。成熟的8号是天生的领导者，但是不成熟的8号却会给工作带来灾难。

8号关注的焦点是权力结构。谁掌握权力，他是否公平？8号是非常实际的人，他们会考虑现实生活中的诸多问题：生计、安全和利益。他们要求时间和劳动的公平交易，会强烈支持他们认为公平的系统。成熟的做法是为机构里弱者提供保护，借此与管理层建立良好的沟通关系。当然，同样的策略也可以成为获取个人权力的平台。

不成熟的8号是反权威的。他们最在乎的是地位、金钱和权力上的不平等。他们的控制欲让他们反对权威，会给当权者带来潜在的麻烦。他们有一种认为自己战无不胜的错觉。

保护者可以成为出色的团队成员。他们是强有力的竞争对手，对他们感兴趣的工作，他们会一直坚持到累倒为止。他们勇于接受困难，不会逃避。他们常常能凭借个人力量，在团队中获得重要位置。

如果8号感觉自己在主要问题上失去了控制权，他们就会在细节上斤斤计较。所以你应该让他们清楚你的工作，告诉他们你的观点，然后离开，不要插手他们的工作。如果8号被排除在一些活动之外，他们会觉得受到了伤害。他们可以不来参加，但是他们一定要获得邀请。

在团队中的8号

8号十分在意团队中的人际关系。在8号看来，友谊就等于安全感。

为8号划定一个区域，让他们去负责。8号喜欢独奏而不是合奏，但他们自己并没有意识到这一点。如果没有人阻止，他们会勇往直前，横冲直撞。设定非常清晰的责任权限。只要自身领域的

第九章 8号 保护者（领袖型）

控制权没有受到威胁，他们乐于合作。一旦他们必须和别人分享空间、设备和信息，他们的领地观就会重新抬头。

要想与8号合作，就要让他们清楚合作的目标、合作的动机，以及谁将获得鼓励。在公平的环境中，8号可以成为非常出色的支持者。

8号可能会看起来在全力表达某一观点，但实际上他们还在认真思考。他们喜欢大声争论，这让很多人放弃自己的主张，这其实大可不必，因为如果8号对某个问题纠缠不休，恰恰说明他们很关注。只要是他们真正感兴趣的，他们就会想办法提供支持，想办法参与进来。

8号适合的环境

保护者常常会是政治掮客，或者那些在幕后操纵一切的政治家。他们可能是那些控制美国金融王朝的"强盗资本家"（robber baron，19世纪后期美国的工业或金融界巨头之一，靠利用令人怀疑的手段对股市进行操纵和剥削劳工等不道德的手段发财）。他们信奉的是黑手党的哲学："我的地盘，我的人。"他们是地狱的天使，是工会的领导人，是那种置于死地而后生的人。他们意志坚定但心地温和。他们是一手掌握控制权，一手把持公平原则的企业领导。他们是分户出售公寓的地产开发商,带头为无家可归者提供住房。

8号不适合的环境

我们在需要良好表现和严格遵守规则的工作中,很难发现8号性格者的身影。他们不喜欢那些容易被不可预知的力量所操控的环境。他们不相信那些需要依靠领导者的好心才能完成的工作,也不喜欢待遇不公的地方。

8号名人

著名的8号性格者包括英国都铎王朝的第二代国王亨利八世(Henry VIII,1509-1547年在位),这位独断专行的国王为了自己的婚姻问题,不顾强烈的反对声,与罗马教廷决裂,自封为英格兰教会的最高首领,让自己的欲望合法化。

亨利八世
(Henry VIII)

第九章　8号　保护者（领袖型）

其他著名的 8 号性格者包括：

★ 弗里茨·珀尔（Fritz Perls）：1893–1970，美国心理学家，完形治疗法创始人。

弗里茨·珀尔
Fritz Perls

★ 葛吉夫（Gurdjieff）：1866–1949，俄罗斯神秘学家。最初把"九型人格"引入西方的人。被称为"20 世纪的达摩"。

葛吉夫
Gurdjieff

★ 布拉瓦茨基夫人（Madame Blavatsky）：1831–1891，19 世纪的俄国预言家、神秘学家，"通神论协会"的创立者。

布拉瓦茨基夫人
Madame Blavatsky

★ 毕加索（Pablo Picasso）：1881–1973，西班牙画家，是20世纪最多产和最有影响的画家之一，也是立体主义画派的创始人之一。

毕加索
Pablo Picasso

161

九型人格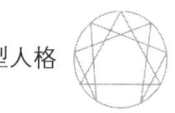

★ 肖恩·潘（Sean Penn）：美国著名男演员，人称"坏小子"。

★ 尼采（Nietzsche）：1844—1900，德国著名哲学家、诗人。他坚持认为理想化的人类，超人哲学能够创造性地引导情感而不被它们所压制。

★ 埃尔德里奇·克里弗（Eldridge Cleaver）：20世纪美国黑人运动领袖。

★ 加菲猫（Garfield the Cat）：美国漫画家吉姆·戴维斯（Jim Davis）于1978年创造的风靡全球的动画形象。

肖恩·潘
Sean Penn

尼采
Nietzsche

埃尔德里奇·克里弗
Eldridge Cleaver

加菲猫
Garfield the Cat

第九章 8号 保护者（领袖型）

8号性格的闪光点

8号是典型的"困难领导者"，越是面对困难障碍时，他们越是表现出对领导权的忠诚，越能脱颖而出，直面挑战。

在他们所有果断和放纵的行为中，8号都很难表达出自己内心最深处的希望和他们真实的目标。一个8号性格者制造麻烦、不断斗争，都是为了让自己保持兴趣，但是一旦外界能够满足他们的兴趣了，8号会迅速进入控制者的状态，让自己的目标变成现实。

8号性格者会十分清楚地告诉他人自己的立场。当他们企图操纵他人时，他们的手法总是过于强硬，很快就会暴露意图，因此效果不佳。在两性关系中，他们渴望最基础的真实，他们不会在意自己的公众形象，总是随心所欲，自然流露出真性情。对于朋友，他们在时间和精力上都表现得十分慷慨；对于聚会狂欢，他们更是拥有超人的持久力。

8号的高层心境：真相

8号性格者关注他人的隐藏企图，他们想知道对方说的话是不是真的，他们会在敏感问题上有意与对方发生冲突，看看对方在面

对压力时是否会改变。

对于8号来说，公平斗争实际上是双赢的选择。如果他们战胜了对手，他们就能获得掌握控制权的满足感；如果他们输给了有实力的对手，他们也证明了对方是公平的，从而消除了对对方的不信任感。

8号性格者坚持认为他们心中的真相就是完全客观的真相，不管这种真相是否是自私的，或者只代表了一部分事实。他们的大脑会碾碎一切反对意见，这让他们的注意力进入斗争状态，任何反对意见都是他们攻击的目标。

一旦进入斗争状态，8号的注意力就失去了灵活性。他们无法反思自己的行动立场，也无法接受新的信息来软化自己的立场。在他们步入成熟，拥有了一些生活经历后，8号的防御思想会慢慢变软，他们也会意识到妥协的需要。他们的注意力不再仅仅关注自己的想法，他们学会了用真诚的态度去审视他人的观点。

8号的高层德性：无知

8号性格者在成长过程中形成了注意力的取向性，因为他们想获得控制权力，想用自己的观点说服他人，这使他们的无知被笼罩在阴影里。一个无意识的8号会坚持自己的观点，并想方设法控制局势；一个自知自明的 8 号则会更加自信地接受改变。

一个无意识的 8 号性格者会把反对当作一种习惯，为获得控制权而投入大量精力。这种行为的主要表现是固执己见，坚持只对一半的真理，以及无法注意到他人的观点。他们用于获得控制的能量主要是自己的拳头和脾气。

一个走出原始反应，进入更高境界的 8 号性格者，将有能力调控自己的能量，以便敏锐地感知周围环境中力量的消长。

给 8 号的建议

8 号性格者如果能够从以下方面进行改善，他们就会大大受益：

◆ 注意到自己总是要求对一段关系予以明确定义。把斗争看作发展信任的一种方式。

◆ 注意到自己在感情关系或心理治疗中，总是要求建立清楚的规则。但是一旦建立了规则，又渴望破坏规则。

◆ 注意到自己总是喜欢在身边寻找对手。喜欢把周围的人都划分成两派，不是朋友，就是敌人。通过挑衅，让对方采取行动。

◆ 认识到自己的厌烦感觉，实际上是在掩盖其他的情感。

◆ 努力发现他人行为的逻辑性和正确性，允许他人坚持不同

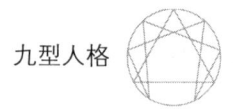

的观点。

◆ 认识到真正的感觉往往是从消沉中产生的。把消沉当作一种感情流露的方式，不要逃避负面情绪。

◆ 注意到什么时候对物质的滥用。不要让对他人的控制欲取代了自己的真实希望。

◆ 注意到自己对公正的追求和渴望保护他人的想法，常常把周围的人分成了朋友和敌人两大对立的阵营。

◆ 把自己的注意力从"你的方式 vs. 我的方式"上转移出来，尽量认识到各个观点之间的相互联系。

◆ 记得把自己的想法和感受记录下来，和自己的强迫性健忘做斗争。

◆ 学会延迟情感的表达。在准备发火之前，先在心里倒数10下。

◆ 不要总是从外界寻找问题的根源，学会从自己身上找问题。

◆ 学会承认自己的错误。

8号性格者总是有意忘记或拒绝自己的情感上的弱点和依赖性。他们需要注意自己的下列行为：

◆ 把他人的帮助误认为对自己的怜悯。

◆ 喜欢控制细节。在行动中对一些小事要求苛刻。

◆ 把潜在的帮助拒之门外。对他人的优点只字不提。行事鲁莽，把人得罪了自己还不知道。

第九章　8号　保护者（领袖型）

◆ 忘记自己的目标。沉浸于过度的狂欢、食物、性爱、毒品之中。觉得越多就是越好。吃着碗里的，望着锅里的。

◆ 对自己看不顺眼的人发出攻击。

◆ 难以妥协。要么控制，要么离开。不会看到中间立场。

◆ 不想让自己表现出依赖性。把他人的疏忽看作对诚信的背叛。

◆ 为了掩藏自身的弱点而谴责他人。

◆ 制定规则，并把规则强加于他人。

◆ 破坏自己的规则，说明自己是权力的掌控者，是不受约束的。

第十章

9号 调停者
（和平型）

9号的世界观
这世界不会在意我的努力。
还是舒服地待着,保持平和心态吧。

❦ 9号的主要性格特征 ❦

9号性格者的主要特征包括:

■ 用不必要的事物来取代真实的需要。最重要的事情往往被留在了一天的最后时刻。

■ 难以做出决定。又很难说"不"。

■ 根据习惯行动,重复熟悉的解决方法。仪式主义。

■ 压抑身体的能量和怒火。

■ 用被动进攻和顽固坚持来表现控制力。

■ 关注他人的立场。难以保持个人的主张,但是却能拥有感知他人内心体验的能力。与2号性格者"给予者"有相似的地方。

9号认识到他们自己的主张得不到重视,他们只能麻醉自己,分散自己的精力,让大脑把自己忘记。

当他们心中产生了某种个人的需要时,其他琐事反而变成了头等重要的事情,就好像如果不把餐桌收拾干净,客人就不会付账一样。9号离他们自身那些需要解决的优先选项越近,就越容易去注

第十章 9号 调停者（和平型）

意那些无关紧要的事情，借此分散注意力。

他们的时间越充足，他们做的事情反而越少，因为他们很难分清楚哪些是重要的事情，哪些是不重要的事情。9号性格者说，他们总是无法知道自己的需要，因为他们过度投入到他人的愿望中，他们把精力分散在那些不太重要的事情上。他们看太多的电视，他们的生活没有新鲜感；更糟糕的是，他们还暴饮暴食。

9号性格者倾向于依照他人的日程安排来生活。因为他们觉得自己的地位无足轻重，但他们又希望与他人保持联系。他们学会了迎合他人，把他人的爱好当作自己的爱好。在感情的初期或者一项新任务的初始阶段，9号总觉得是他人的兴奋把他们带入其中，而不是他们自己决定要投入进来的。当9号对他人做出承诺后，他们会在履行承诺的中途突然清醒，觉得自己被他人的愿望拖累，不知道自己是如何走到这一步的，但是又很难拒绝这段关系。

对于很容易就受到他人情感影响的9号来说，说"不"是相当困难的事情。在9号看来，对他人说"不"就如同自己遭到拒绝一样难受。他们更愿意对他人点头，同意他人的观点，而不是公开表达自己的怒火，因为他们害怕发怒会导致分离。

9号性格者获得安全感的方式与众不同，他们逃避自己的需要，不愿做出决定和承诺。

9号性格是"九型人格"系统中最顽固的类型。因为9号虽然会被某个问题所困惑，但是这并不意味着他们急于解决这个问题。

那些尝试帮助9号做出决定的人,还有那些给9号施加压力让他们表明立场的人,往往会发现9号已经把自己的双腿都埋在了沼泽中,拒绝做出任何移动。

9号即使表面上很顺从,但内心还是会有所保留,他们因为要迎合他人而感到愤怒,因为自己从不被重视而感到愤怒。9号的决定就是不做决定,保持生气状态,但是这种生气仅限于内心。

一旦确定了一个立场,9号坚持这个立场的顽固态度就像当初他们不愿选择立场一样。9号性格者被称为调停者、和平维护者,因为他们天生的矛盾心理让他们能够同意冲突双方的观点,但是又不会完全成为某一方的支持者。

9号制定决策的过程是相当缓慢的,因为心中装满了以前那些尚未解决的问题。决定对他们来说,就是要做出一些了结、一些放弃、一些改变、一些发展,这些都会让他们产生分离的担忧。9号喜欢拥有的东西越多越好,失去的东西越少越好;他们喜欢去做熟悉的事情,而不愿去冒险尝试突然的改变。

如果你觉得"九型人格"中的每一种性格都与你有共同点,那么你很可能就是9号性格者。

9号性格者习惯把自身的能量和注意力从真正的需要中挪开,所以他们常常表现出怠惰的特征。让9号性格者忘记自己最容易的方法,就是把他们的注意力转移到一个能够让人上瘾的习性上。这种上瘾的习性既可以是吸食大麻、酗酒,也可以是喜欢看肥皂剧,

第十章 9号 调停者（和平型）

或者其他一些生活中的小小满足感。一旦养成了这样的习性，9号的思维就会被这种习性所局限，他们就会忘记生命中真正宝贵和重要的东西。

9号性格者在感到安全的环境中充满活力和效力，但是如果他们从事的活动是无关紧要的，仅仅是内心需求的替代品，那么即使他们做得很出色，他们也会觉得失去了生命中最重要的东西。

对于陷入重要选择左右为难的9号来说，计划安排可能就是他们的救世主。一个设计很好的安排，能够让9号放心行动，因为他们听从外界的选择。

9号性格者对过去有超强的记忆力，因为记忆让他们感到自己的存在。通过坚守过去，9号可以不去面对现实的承诺。

9号的抑郁来自无所事事。他们通过遏制身体的能量来让自己保持平衡。这种遏制让他们总是有足够能量去从事那些无关紧要的事情，却把最重要的事情放在了最后。9号把自己与那些已知的、熟悉的行动拴在一起，忙碌的状态让9号没有时间感到抑郁，当然也就没有时间去设定期望，或者发现自己的优先需求。

当9号陷入这种无所事事的状态时，他们需要来自外界的帮助。一段新的感情、一个新的机会或者一个清楚的计划安排都能帮他们重新发动起来。如果9号能够把自己依附在他人的兴趣上，或者让自己去回应他人的需要，他们会更乐于行动。

9号习惯压抑自己的怒火，直到他们受到的干扰达到了某种令

人无法忍受的程度。他们控制自己的怒火,但并没有放弃对他人的反抗。尽管表面上是顺从的,但没有表达的愤怒反而为他们提供能量,去采取被动的反抗行为。

对调停者来说,让别人发脾气是轻而易举的事情,因为他们总是知道对方想要什么。只要他们不按照对方的心愿去做,就会让他人恼羞成怒。虽然习惯了用间接的方式去表达怒火,但实际上,如果他们能够选择直接的方式表达愤怒,他们将获得极大的解脱。

9号的内心总是在挣扎,一面是不断累积的被压抑已久的愤怒情绪,另一面是对各方立场的全面考虑和顾虑。

进化后的9号性格者能够成为优秀的调解员、顾问、谈判者,只要不偏离方向,就能取得好成绩。

亲密关系中的9号

调停者把伴侣的兴趣爱好和需求看作是他们自己的。他们的伴侣成了他们做出选择的参照物,9号既可能因为对方的愿望而受到鼓舞,也可能顽固地与对方作对。

9号能够轻而易举地描绘出他人的感觉,这比让他们发现自己的感觉更容易。当9号陷入爱河时,他们总是希望能够完全和对方融合,把他人的生活当作自己的生活。

第十章 9号 调停者（和平型）

为了满足伴侣的需求，9号的投入程度往往更甚于对自身需求的满足。他们会因为对方的愿望而聚集大量的动力，亲密关系可以成为让9号在生活中继续向前的重要力量。9号往往能够让两性关系维持很久，即便是在最初的甜蜜感已经荡然无存后，他们也会习惯性地去保持这段关系，哪怕这种关系已经不再是他们的真实选择。

和一般人相比，9号更了解伴侣的心愿。他们很容易站在他人的立场上，用他人的视角看问题。在9号看来，做决定似乎是一种专横的举动。

9号跟着别人的热情行动。当9号和你在一起时，他们可以被你的激动所鼓舞，被你的兴趣所吸引。当他们独处时，情况就变了；没有你的活力，9号变得无精打采。

对于那些想成为领导者的伴侣来说，9号的犹豫不决是一个重大挑战。在做决定时，他们总会想很多。逼迫9号做出选择常常是一种徒劳。如果9号的伴侣找到了新的生活方向，他们不应该强迫9号加入，这样反而能够帮助9号。和9号亲密相处的关键任务就是要帮他们找到自己的选择，做出自己的决定。

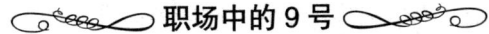

职场中的9号

在工作中，9号性格者往往表现出：

- 在没有摩擦的情况下，9号会很放松。他们总是避免争论，喜欢工作环境有亲如一家的氛围，希望和领导、员工都保持良好的关系。

- 在获得积极支持时，9号会表现良好，但他们不喜欢出风头。他们需要得到承认，但不会主动要求别人这么做。

- 喜欢界定清晰的程序、指令和回报。按照既定的指令，调整自己付出的精力。不喜欢什么突然惊喜。

- 工作自觉，效率也很高。但是在按部就班的工作中会忽略对自己的关注。

- 有效的安排和他人的热情都能激发9号的能量。

- 需要借助规定来进行抉择。喜欢，照本宣科，尽量避免自主决策。

- 对风险非常小心。按照已知程序行动才会感到安全。重复过去的成功经验。

- 希望越大，失望也越大，9号害怕承担这样的风险。

- 不断搜集信息，迟迟无法决定。推迟重要事务，却忙于不重要的事情。当最后期限来临时，可能做出"最后一分钟营救"的惊人之举。

- 总是感觉有太多事情要做，超负荷运转。

- 对权力的态度模糊不清。很难找到重点并开始行动，但如果有人替9号做出了决定，他们也会固执地不执行，或者消极抵抗。

■ 在工作中表达愤怒的方式常常是忽视问题的存在，或指责整个系统，指责领导管理无方，指责其他工作伙伴。

作为领导的9号

9号领导者可能挣扎于各种观点中，他们要花费很多时间来权衡比较，这往往让他们错失了决定的最佳时机。他们的目标总是过于宏伟，不够具体，因为具体的目标很可能和其它目标发生冲突。某个部门的需求很可能与其它部门不一致，因此9号倾向于全面了解，尽可能多地掌握信息，最后给每个人都分上一小块蛋糕。在9号设计的宏伟蓝图中，每个部分都很重要。如果领导者无法把蓝图细化，下属的各部门为了确保自身利益，很可能会产生激烈冲突。

9号领导者喜欢听取各部门的建议。他们这种全局式的思维方式既有可能阻碍机构的快速运作，也有让大家达成共识，把计划的每个步骤都表述清楚。9号领导者总是行动迟缓，如果要解决问题，他们倾向于采用有效的老办法。

9号领导者宁可自己去查漏补缺，也不愿去为难员工，或者直面争斗。为了避免麻烦，即便是在紧迫关头，他们也难以给出清晰的指示。如果他们陷入冲突，他们可能会推托，这种做法会动摇他

们的地位,并招致指责。批评者会认为领导者出卖了组织利益,不能捍卫组织的权利。

对于那些具有主观能动性的员工来说,9号的管理风格是很有效的,因为这样的员工不需要太多指导,他们可以在大方向之下自己细化工作方案。但9号的风格显然不适用于那些需要明确指示的员工,也不适用于情况在快速变化,需要迅速决策的工作。

对于新的方向,9号不感兴趣,只有熟悉的程序和已知的安排才能让他们充满能量。

在决策过程中,9号会有所保留,这无意中反而引发了冲突。当他们在思考时,他们不会给他人以详细回复,而一旦公布最终决定,又不会给出具体解释,这两种做法都是9号领导者最著名的表现。坏消息总是毫无预兆地突然到来。与其在公开会议上耗费口舌,进行解释,9号更喜欢用发邮件的方式直接炒员工的鱿鱼,这要简单多了。

9号一旦选定了立场就拒绝改变。固执的9号总是行动迟缓,情绪愤怒,其他人会认为9号是自私的、不合作的。

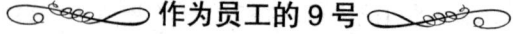

作为员工的9号

作为员工的9号性格者在意工作环境。他们喜欢具有明确激励制度和回报制度的工作环境，不喜欢被忽视，然而他们又很容易被那些善于表现自己、引人注目的人遮住光芒，所以更需要一个公平的环境来帮助他们。

在一个有组织、有计划的体系内，9号也可以冒险，也可以做决策，也会非常有创造力。但如果让他们完全按照自己的喜好行动，那就太难了。他们会把同事的观点、态度和感受内化为自己的感觉。所以良性的工作环境对9号员工很有吸引力，他们宁可与大家同甘共苦，也不愿去追逐个人地位。

在团队中，只要冲突被最小化了，9号就是天生的参与者。团队的胜利会让他们非常骄傲，他们还会为了他人的成功欢欣鼓舞。9号会支持某个明星队员，只要这个明星队员承认胜利源于团队的共同努力。9号会把自己融入到他人的雄心和灵感中，他们能实现非常高的目标，并在团队中超越自己。

在团队中的9号

和独自一人相比，身为团队成员的9号往往更具创造力，而且更有效率。9号还能成为团队的黏合剂。在困难时刻，他们是最坚定的成员，因为即便身负重压，他们也能按照既定程序工作下去。

但是，冲突或争论会让9号感到困惑。这时，9号天生具备的

调停能力将展现出来，让他们成为其他成员的传声筒。为了保持和谐状态，他们会向不同派别传达彼此的观点，强调其中的共同点。当各方力量发现自身的最大利益掌握在反对者手里时，9号往往会成为团队沟通的重要枢纽。如果出现了麻烦，向9号征求意见是个好办法，因为他们能敏感地发现冲突各方可能存在的微妙联系。

9号很难简单地为自己选择一个立场，然后采取行动。他们需要的是共识。如果沟通失败，9号会非常失望。这时，他们虽然还会和不同派别保持联系，但他们看到的可能不再是共同点，而是差异了。要找到解决方案，最好是由第三方出面，征求9号的意见。9号会向一个中立的、安全的观察者提供大量有用信息。

9号适合的环境

对9号有吸引力的环境是那些有条不紊的环境，每天的工作都根据日程安排、协议以及公认的程序在进行。他们适合做办公室的工作，以及那些需要对细节进行关注的工作。

第十章 9号 调停者（和平型）

9号不适合的环境

很少会有9号性格者去做那些需要光鲜形象、不断自我推销的工作。他们也不喜欢那种工作程序会随时变化的工作。那些一味强调理论，而不注重细节和结构的工作，也得不到9号的青睐。

9号名人

整个美国邮政服务体系都属于典型的9号性格。他们有很强的组织能力和细节管理能力。邮政人员总是按照他们的规章制度有条不紊地工作着。他们在需要速度的时候，表现得漫不经心；他们会礼貌地在下午2点59分关上邮局的大门，不管你是否正抱着包裹奋力向邮局奔跑。

其他著名的9号性格者包括：

★朱莉娅·蔡尔德（Julia Child）：美国著名的法国菜烹饪家。上世纪60年代在美国始创电视烹饪节目而家喻户晓。

朱莉娅·蔡尔德
Julia Child

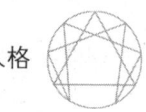

九型人格

★帕瓦罗蒂（Luciano Pavarotti）：意大利著名男高音歌唱家。

帕瓦罗蒂
Luciano Pavarotti

★巴克敏斯特·富勒（Buckminster Fuller）：1895-1983，美国哲学家、建筑学家及发明家，设计了著名的网格圆顶型建筑，对近代建筑设计产生重大影响。

巴克敏斯特·富勒（*Nietzsche*）

★奥勃洛摩夫（Oblomov）：俄国作家冈察洛夫所作同名小说中的主人公，性格善良、怠惰、麻木、缺乏信心和勇气。

★艾森豪威尔（Eisenhower）：1890-1969，美国二战将领，第34任美国总统。

艾森豪威尔
Eisenhower

★希契科克（Alfred Hitchcock）：1899-1980，英国导演，以悬念电影著称，著名作品有《39级台阶》等。

希契科克
Alfred Hitchcock

第十章 9号 调停者(和平型)

★林戈·斯塔尔(Ringo Starr):20世纪60年代风靡全球的英国甲壳虫乐队的鼓手。

林戈·斯塔尔
Ringo Starr

9号性格的闪光点

9号性格者能够提供毫不动摇的支持。这是一种特殊的支持,因为9号并不希望通过自己的支持让事情朝着有利于自己的方向发展,他们只是希望去调停,去维持和平的环境。

9号会被他人的生活深深影响。他们能够倾听他人的观点,他们无需让自己控制他人,从而理解他人。更重要的是,他们能够感受到他人生活中真正重要的东西,这主要是因为他们会习惯性地把自己的立场与他人的愿望相融合。这是9号独有的能力,他们总是能够为他人找到开启幸福美满生活的金钥匙。

9号的高层心境:爱

9号性格者倾向于吸收团队的特征、环境的特征或者那些与他

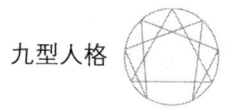

们相关的重要人物的特征。从心理层面来看，他们需要认同他人的愿望，借此让自己融入于他人的生活中，同时弥补忽略自身的损失。

如果没有一个可以依靠的团队或者伙伴，9号就会感到自己内心的麻木状态，他们会说："那有什么用？如果是为我自己，那生活毫无意义。"

9号能够毫无保留地投入到爱中，他们的感情也会非常脆弱，他们很容易嫉妒或绝望，就好像如果失去了某个人，他们就失去了一部分自己，他们的存在就受到了威胁。

不过，正是因为9号的融入，他们才有可能表现出高层心境的爱。所谓高层心境的爱，是在关爱他人的同时，也能关爱自己；在关注被爱对象的同时，建立自我的参照点。

高层心境的爱与一般情感的区别就在于是否拥有自我的参照点。前者是在能够感知他人的同时，也能注意到自我感受；而后者则是完全被他人的感觉和愿望所控制。

9号拥有无条件去爱的潜质，因为他们已经习惯了通过自己的身体去感知他人，而且他们感知他人，并不是为了控制或改变他人。所以他们已经拥有了基本能力，他们若想实现高层心境的爱，就要在感知他人的同时，不要放弃自我。

第十章　9号　调停者（和平型）

9号的高层德性：行动

9号性格者的懒惰并不是那种骨子里的懒惰，比如早上睡懒觉，有工作也不做。正相反，9号常常会同时去做两份工作，他们总是很骄傲自己有充沛的体能。他们可以做很多事情，但是他们总是无法发现最应该做的正确事情，他们总是因为那些不必要的琐事而分心。

给9号的建议

当他们的内心开始沉睡时，调停者需要提醒自己注意。我们在这里说的"沉睡"，指的是他们的注意力从一个真正的个人需求转移到困惑的思考或者某项不重要的活动中。

9号性格者常常脱离自己最重要的承诺，或者陷入物质滥用的状态。他们的典型情绪是抑郁或愤怒。9号需要注意到自己在"沉睡"中表现出来的能力。一个沉睡的9号会把刚刚好的注意力分配给正在进行的谈话或者心理治疗，让你觉得他们很用心，但实际上，他们对于听到的话很可能是左耳朵进，右耳朵出。

当他们的真正需要逐渐显现时，那些原来通过被动反抗表达出

来的怒火,也在逐渐浮出水面。愤怒实际上是改变的动力,能够帮助个人找到自己真正的立场。当9号性格者试图把注意力从不必要的琐事中抽离出来时,他们需要注意这些表现:

◆ 依赖他人的帮助,不愿与他人分开。

◆ 责备他人。因为过于在意他人的愿望,一旦出现问题,就会产生"都是他们的错"的想法。

◆ 变得顽固。感到来自他人的压力。不愿把问题拿到桌面上来。僵持不动,逼着对方首先采取行动。

◆ 急需找到消磨时间和能量的新办法。

◆ 恍惚。在谈话的时候注意力不集中,同时想着好几件事情。

◆ 无法注意到真正的需要,让琐事占据了自己的注意力。

◆ 习惯按部就班,从事机械性的动作。

◆ 麻木、无动于衷。期望事情自己结束,而不是主动表明态度。不希望听到负面信息。

◆ 总是需要得到更多的信息,等待他人的解释。

◆ 工作无法善始善终。感觉受到了骚扰,不想认真对待工作。希望用最小的投入换得最大的收获。

第十一章
九型达人晋级必备

九型人格

九型人格对应的九种激情

"九型人格"表明了情感生活中的九种主要特征。它们和天主教中的七宗罪是对应的，另外在3号角和6号角增加了欺骗和害怕。这些情感习性是在从天堂堕落到物质世界的过程中，也就是"本体堕落"的过程中发展起来的。它们也可以被看作孩童的早期家庭生活给他们的情感世界留下的阴影（图2）。

如果孩童的成长过程良好，他们心中这种情感的阴影就会被慢慢磨损，仅仅只是作为一种倾向存在。但是如果心理问题十分严重，某一种情感上的阴影就会像火种一样被点燃，成为性格的主导力量。这时，自我观察的能力被削弱，而我们也被这种情感所操纵，从而无法专注于其他事情。

希望在了解了性格上的主要特征，了解了我们潜在的激情后，我们能清楚认识到性格习性是如何从多个方面控制了我们的生活。只有认识了这一点，我们的注意力才能成为我们的帮手，它会让我们感到不自在，但也会让我们记忆起那些被我们遗失的品质。

性格的主要特征是在孩童时期形成的一种自然习性。它能成为个人的老师，它能长期存在于我们的内心世界中，不断提醒我们，让我们不致于迷失生活的方向。

第十一章 九型达人晋级必备

尽管在传统意义上，这9种激情都被认为是负面的，是罪过，但实际上它们是让我们获得精神解放的主要力量源，因为它们每一种都有相对应的高层德行。他们是原材料，是肥料，是能够转变成神性的人性本质。值得一提的是，在九型人格中我们只提到了9种能够从负面情绪能量转变过来的高层德行。其他的内容，比如快乐，并没有成为九型人格中的高层德行。原因在于，九型人格模式所关注的仅仅是那些能够带来改变，让人们拥有更高意识的激情，而且这种改变必须是通过负面情绪能量的演变所产生的。

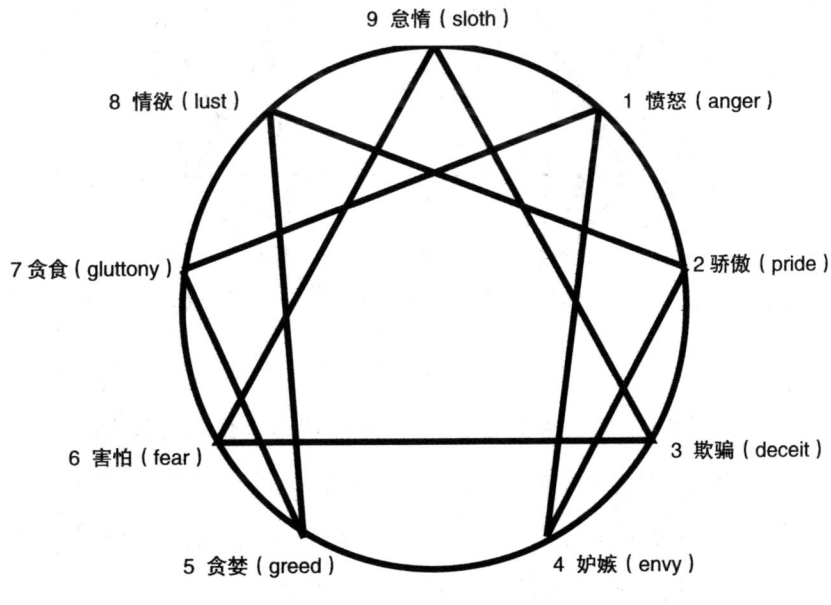

图2：九种激情

两翼性格

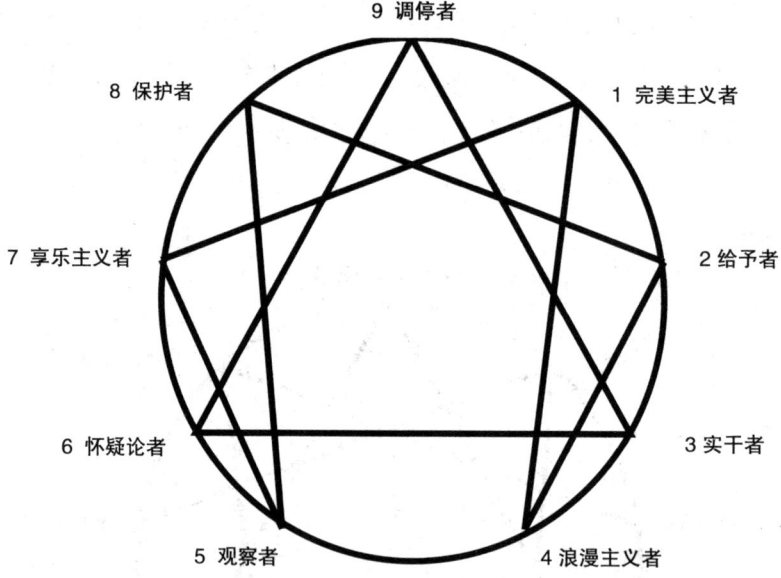

我们把九角星中的3-6-9号角所代表的性格称为核心性格,而位于这三个核心角两侧的邻角,被称为核心角的两翼,两翼角所代表的性格是核心性格的变异类型。也就是说,两翼角的性格是从核心角发展而来的,因此它们具有潜在的共同点。比如,3号角的

第十一章 九型达人晋级必备

两翼，即2号角和4号角，这两种性格类型同样具有很强的想象力，而且他们对生活的态度都是基于自己的感觉。6号角的两翼（5号和7号），在本质上都是多疑的，而且经常出现畏惧心理。9号角的两翼（8号和1号）都有一种陷入忘我状态的倾向，常常会忘记个人最需要的是什么；此外他们还有一个共同点就是容易发脾气。

3-6-9号角的两翼所代表的性格类型实际上是核心性格类型外化和内化的两种结果，所以两翼性格中也潜藏了核心性格的特质。在心理治疗中，两翼性格中所潜藏的核心倾向，会在治愈的过程中慢慢显现。这意味着，7号性格（6号害怕型的外化性格），最初的表现可能是大大咧咧、无所畏惧的，但是随着心理防线的慢慢弱化，这种人可能会突然变得神经兮兮，并出现偏执幻想狂（6号性格的核心表现）的症状。

需要注意的是，在九角星图中，只有3-6-9号角的两翼，才是核心性格的外化或内化表现。其他角的两翼则不存在这样的关系。比如8号角的两翼，7号和9号性格，就不是8号性格的外化或内化表现。

尽管如此，任何角的两翼都是非常重要的，因为它们同样会对中心角的性格产生影响。比如在九角星图的上端，8号、9号和1号角构成了一个容易生气的性格类型组，其中的核心性格是9号性格。这种性格的人虽然生气了，也不会直接发脾气，而往往选择间接、被动的方式表达出来。他们有可能向旁边的8号（保护者）倾

斜，选择被动的方式，做出一个生硬而坚决的表态："别催我！"；或者向另一边的1号（完美主义者）倾斜，在鸡蛋里挑骨头，通过间接的挑剔来宣泄怒火。

同理，如果某人的性格类型并非核心性格类型，他也可能受到两翼性格的影响。比如4号性格（悲情浪漫者），此类人喜欢用戏剧性的方式来表达感觉，他们既可能向5号（观察者）倾斜，把郁闷都憋在心里，也可能向3号（实干者）发展，用积极亢奋的表现来把抑郁埋在心底。

两翼的影响让各种性格更具特色。即便是属于同一性格类型的两个人，他们也不会是完全一样的，在"九型人格"的学习班中，我们被要求区分同一性格类型者所具有的不同特质，并要指明这种特质是什么。比如，一个偏向5号的4号性格者，会比一般的4号性格者更孤僻；而一个偏向3号的4号性格者，会是一个更加艳丽、生动的4号，这种人生活更积极，但是依然会保持4号性格中最基本的忧伤和失落感。每一种性格类型都会受到两翼性格的影响，尽管两翼中只有一种性格可以成为主要影响者，但也不能忽视另外一种性格可能产生的潜在影响。

第十一章 九型达人晋级必备

性格类型的动态变化

九型人格的神奇在很大程度上来自于它的形状。在这个线条交织的体系中，我们可以预测到个人在完全安全的状态下和遇到危险或压力的状态下，性格会发生什么样的改变（图3）。如果我们处在安全的状态下，比如一份满意的工作或者一段发展良好的恋情，我们的防御体系会松懈下来。危险和压力则会迫使我们采取行动。根据图形中箭头所指的方向，在危急情况下，个人的性格会沿着箭头往外指的线条发展。在安全状况下，个人的性格会朝着箭头指向自身的线条逆向发展。

每一种性格类型都是由三个方面构成的：

★ 第一个方面是主宰方面，在日常环境中发挥作用，也就是通常被认定的"你的类型"；

★ 第二个方面的性格是当你处于行动状态（或者受到压力）时发挥作用的；

★ 第三个方面的性格是在安全状态下（毫无压力）发挥作用的。

在下面的图表中，行动中（受到压力）的性格是箭头远离你自身性格的那种性格；而没有压力状态下的性格则是箭头指向你自九型人格

身性格的性格。这样，每一种性格类型实际上都是三个方面的联合体，这些方面会在人生的特殊情况中被激发出来。举例而言，当一个5号观察者（通常是安静和孤僻的）处于压力之中时，他或她就会向7号享乐主义者的方向发展（为了避免与他人打交道的压力而表现得更加外向、友善）。当他或她处于安全状态时，这个观察者就倾向于发展成8号保护者（领导他人并保护自己的私人空间）。

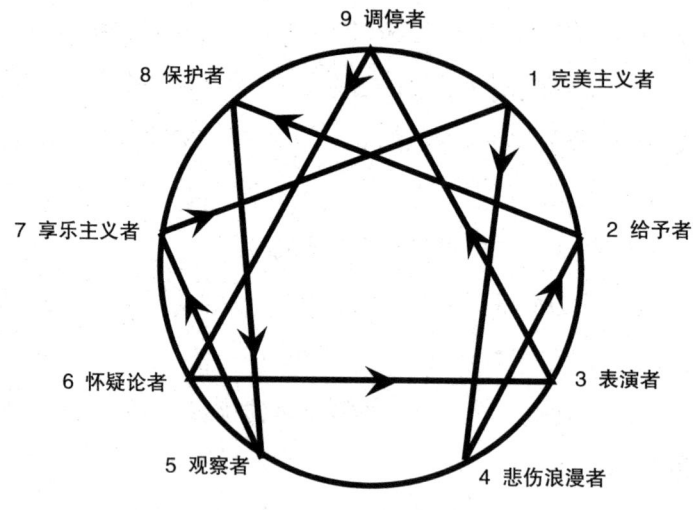

图3：性格类型的三方面

当我们从安全状态进入压力状态时，我们的精神和情感特质都会发生变化。安全状态下的反应似乎总是比行动/压力状态下的反应更加吸引人。这就是为什么,那些"九型人格"的爱好者已经形成了一种对安全感的崇拜。他们在不断寻找进入安全状态的方法,似乎让安全状态下的性格得到更好发挥就能让个人生活得更健康。"九型人格"安全态的热衷者们认为,自身的冲动会让他们向行动/压力状态发展。要避免这种状态,就要主动寻找让他们获得安全态性格的特征。他们的逻辑其实很简单:就是找到安全态性格的正面特征,以及压力态性格中的负面特征,扬长避短。

真是这么简单吗?与一个心仪已久、具有安全感的伴侣陷入热恋真能让你焕发出属于安全状态下的潜在特质吗?在我对小组成员的采访中,这种结论并没有得到证实。我们也没有发现获得安全感的可靠途径。事实是,安全感也会带来矛盾冲突。一个处于安全状态的人也可能做出压力状态下的反应,如果他经验不足,或者在过去有某种不安全体验的话。我就曾经采访过这样的人,他们在生活蒸蒸日上的时候,却直接表现出安全态性格中的负面特征。我还见过另外一种人,他们的优点恰恰是把压力态性格的正面特征全部发挥了出来。

借助压力状态来治愈心理问题的方法在许多心理治疗中都有应用,比如形成于 20 世纪 60 年代的格式塔疗法 (gestalt therapy)。格式塔疗法,又称完形疗法,是一种非解释性、非分析性的心理治疗方法。它主张通过增加对自己此时此地躯体状况的知觉,认识被压抑的情绪和需求,整合人格的分裂部分,从而改善自己的不良适

应。一些密宗的冥想训练也运用到了压力状态。总而言之,这些治疗和练习都是通过刻意激发人的负面情绪,来缓解压力。

这种有意置身于压力状态的做法,目的是为了让我们的情绪发展到零界点,通过让我们完全体验自身的负面特质,来产生一种免疫力。这些训练会让人去主动寻找令其生气的事情,而不是远离这些事情,还可能让人置身于一个令人厌烦、浑身不自在的环境里。比如,性格骄傲的人会被要求去擦地板,畏惧的人会在月圆之夜被送到墓地。

葛吉夫那个"触犯某人的痛处"的训练也是源于这样的道理,即通过刻意激发人们在压力状态下的能量,让人们去直接面对压力,从而克服心理障碍。这种训练方法,与那些让人们把注意力远离所谓"负面情绪"的训练方法,在效果上同样有用。

一方面有计划地培养自己发泄情感,另一方面学会远离情感,这两种练习的相互关系在希腊神话中就有所表现。人们把太阳神阿波罗(Apollo)和酒神狄俄尼索斯(Dionysus)供奉在同一个神殿之中。狄俄尼索斯代表的是母系社会中痛苦与狂欢交织着的癫狂状态,充满了玄暗、野性和放纵,而阿波罗则代表着父系社会的明确、智慧和超然。这两个神在古希腊的历年中被轮流崇拜。

对狄俄尼索斯的崇拜要求把注意力完全投入到感官世界中,但是一旦情绪和感觉得到完全的表达,这种崇拜就会转而变成对客观性的渴望,对感性的脱离。同样,在阿波罗崇拜中,虽然强调的是

第十一章　九型达人晋级必备

理性思维和那种"避免一切靠近事物"的状态,但这并不是与生俱来的。明确的思维是在面对了一系列充满激情的问题之后才获得的;而超然的状态,也是在经历了完全的感性生活后,才会变得有意义。

九型人格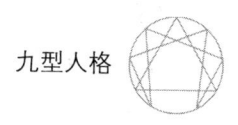

寻找九型人格关系中的交汇点

在你知道你自己和你周边人的性格类型后,你就能够利用"九型人格"体系,发现你与他人有哪些共同点,以及你们需要从哪些方面相互了解。一般而言,如果两个人属于同一种性格类型,那他们很可能会有"英雄所见略同"的情况。我就碰到过好几对都是1号性格(完美主义者)的夫妇,他们追求完美生活的态度简直如出一辙。不论是品味,还是做事的方法,都要求至善至美。

当两个人的思维方式和观点相似时,他们能够产生一种互联感应,在相互的附和中,让自身的观点得到加强。比如一对同属于3号性格(实干者)的夫妇,他们会认为生活就是一系列充满挑战的任务,而一对4号性格(悲情浪漫者)的夫妇则会认为生活的中心是自我感觉。

即便是两个性格类型不同的人,他们也会找到一些共同点。正如我们前面所言,"九型人格"中的每一种性格,都有向左右性格类型发展的可能;不仅如此,每一种性格类型,在压力状态或者安全状态下,还会发展成另一种性格。所以,即便你和你的同伴属于不同的性格类型,你们也有可能在九角星的某一个位置,找到交汇点,这时你们会很自然地对交汇点所涉及的问题产生共鸣。

但是，如果你的位置在"九型人格"图中发生了变化，而你的同伴没有找到与你的性格交汇点，那你们就很可能会失去相互的理解。比如，由6号和8号性格者组成的夫妇，他们可以在7号、5号和9号上找到性格交汇点。但是如果6号在压力状态下发展成了3号性格，或者8号在安全状态下发展成了2号性格，那他们就不会一致了。我们可以冒险想象一下6号和8号性格者在这些位置上的状态：

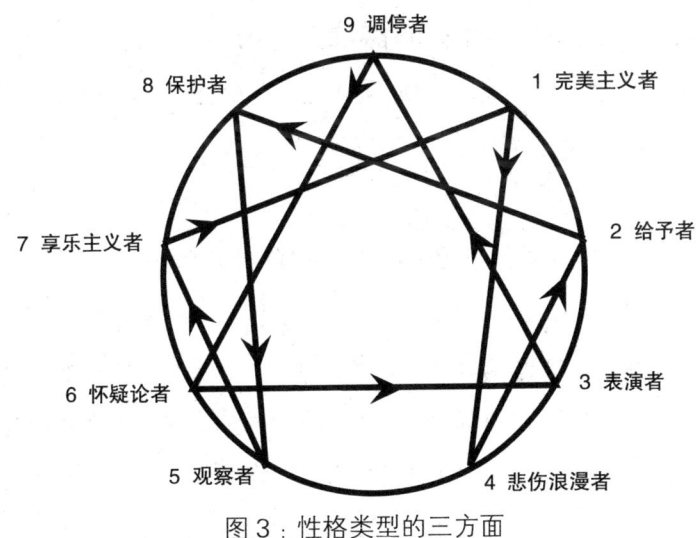

图3：性格类型的三方面

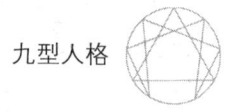

在7号交汇（6号的外化状态和8号的内化状态）

愉快地聊天，分享积极的未来计划、出游安排，一起去找朋友或者共同忙碌于某事。制定互惠互利的计划，支持对方的目标。感情生活愉快，不紧张。

在5号交汇（6号的内化状态和8号的压力状态）

都喜欢呆在家里，或者在同一间屋子里各看各的书，或者躲在自己的空间做自己的事情。喜欢有同伴陪同的感觉，但又不喜欢太亲近。不会出现亲密的谈情说爱。因为压力状态下的8号希望获得不受打扰的私人空间，而且也希望6号能够明白，自己的封闭并不代表着感情关系的结束。8号性格不会一直这样，在他们的压力缓解后，他们还是会走出自己的空间的。

在9号交汇（6号的安全状态和8号的外化状态）

非常积极地融合。6号会抛开焦虑，甚至变得过于放松。在家里闲逛，做一些琐事，煲一锅靓汤。而且，只要6号不拒绝，8号会满足6号的各种要求。放松的6号很可能会体验到真爱的感觉。这一点很不容易，因为对于6号本身的性格而言，他们一旦意识到同伴的重要性，往往会很生气。这种生气最突出的表现是，当同伴在某件事情上胜过他们时，他们会产生心理不平衡。但是如果6号能够朝着安全感的更高方向发展，他或她就会愿意为了8号而改变自己。

8号向2号发展：安全状态

8号的行为从高度自控变成豪放不羁。在支出上，变得大手大脚，追求生活享受。原谅任何过错。8号希望得到别人的照顾，而不是被别人控制。非常在乎小动作。8号是一个以身体为主的感官主义者，所以当8号处于安全状态下时，他们喜欢美食和享乐，也喜欢别人给他们敬酒，说几句恭维话。如果6号够聪明的话，最好能加入8号的欢庆聚会。

6号向3号发展：压力状态

在这种状态下的6号性格者，往往是关注于某个项目，在妄想狂的临界状态摇摆。当面对一项明确的任务时，6号的注意力在兴奋和幻想中徘徊，他们会疯狂地幻想任务成功或失败的情景。这个时候，如果8号希望控制6号，或者给6号施压，或者急于指出6号在行动中的问题，都可能导致6号放弃任务，从8号身边逃走。

8号要想支持6号，只能主动承担责任，自己去负责任务中可能会被6号耽误的方面；这样，当胆怯的6号看到他们以为无法解决的困难已经被解决之后，就会把8号视作帮助自己的英雄。8号一定要分清楚一个大包大揽和一个雪中送炭的区别，因为6号对于屈服和委任分得很清楚。

九型人格

精神智慧、情感智慧和本能智慧

根据葛吉夫和依察诺的理论，人的智慧存在着精神智慧、情感智慧和本能智慧三种形式。这三种智慧分别对应于人身体的三个中心。

★ 产生精神智慧的是思维的中心——大脑；
★ 产生情感智慧的是感觉的中心——心脏；
★ 产生本能智慧的是身体的中心——腹部。

同样，我们的直觉感应也有三种：通过思维产生的直觉，通过情感产生的直觉，以及通过身体中心——腹部产生的直觉。不同的性格，产生直觉的方式和类型也不同。如图7所示：在九角星图中，位居顶部的三个尖角，即8号、9号和1号性格者，他们的直觉感应非常自然地位于腹部。他们最容易感觉到通过身体产生的直觉感应。情感直觉的拥有者是九角星图中的右边三个角，即2号、3号和4号性格者，他们的大部分知觉都来自于情感反应。精神直觉属于左边的5号、6号和7号，这三种性格的人主要通过精神途径来获得直觉感应。

第十一章 九型达人晋级必备

基于身体的直觉：1号、9号、8号

1号——能够在普通中看到完美的可能。对于处理不当或不正确的地方极其敏感，因为这样的错误会破坏"原本可以非常完美"的印象。

9号——通过自己来感受他人。就像镜子一样，能够把对方的影像反映出来，把自己变成对象的复制品。在交流过程中，9号性格者会融入到他人的观点中。具体参见下面有关"2号性格与9号性格只是看上去很像"的分析。

8号——感到自己的身体被扩大，"占据整个空间"。能够感到环境和他人的力量与特质。经过训练，能够感到更多类型的信息。

基于感情的直觉：2号、3号、4号

2号——能够转移自己的感情，改变自己来迎合他人。感觉要成为他人理想中的自己。在思维介入之前，感情就发生了变化。具体参见下面有关"2号性格与9号性格只是看上去很像"的分析。

3号——为了达到完成工作所需要的品质，能够像变色龙一样改变自己的个性和形象。关注点总是放在工作或者他人对工作的反应上。在思维想清楚该做什么之前，3号性格者就自动找到了自己的合适角色。

4号——能够适应他人的情绪。感知他人的痛苦，与他人产生情感上的共鸣。4号性格者说，哪怕家人、爱人和朋友并不在身边，

他们也能走入对方的情感世界。

基于精神的直觉：5号、6号、7号

5号——能够把注意力从思维和感觉上分离出来，成为客观的观察者。能够通过精神去感知，而不受到个人思维和情绪的影响。

6号——能够看到潜藏在表面现象下面没有表明的意图。把想象力作为发现隐秘观点的工具。

7号——从看似毫无关系的事物中找到关联性。7号性格者能够心里想着一个问题，手头却做着其他事情。这样的情况不但不会形成干扰，甚至可以从其他事情中，找到解决原有问题的灵感。

2号性格和9号性格只是看上去很像

在谈及与他人的直觉感应时，2号性格者和9号性格者的回答都是"我融入到……"。他们的特点虽然很相似，但依然有区别。

2号性格者首先改变的是情感，通过情感渠道与他人融合，而其他方面则被隐藏在情感的背景里；在融合的过程中，2号性格者会因为自己完全成为他人所希望的形象而兴奋不已。这样的表现与2号的多重性格有关：2号的许多性格方面都很强，但是它们不会同时出现。

9号不会改变自我形象。他们会从整体上接受他人的观点，而不是改变自己来迎合他人。9号性格者也不会说他们游离于自己不同的性格方面中。当9号与他人融合时,他们说自己已经停止存在,他们忘记了自己的位置,完全融入到他人的感情和观点之中,并对此产生比自身情感和观点更强烈的感受。

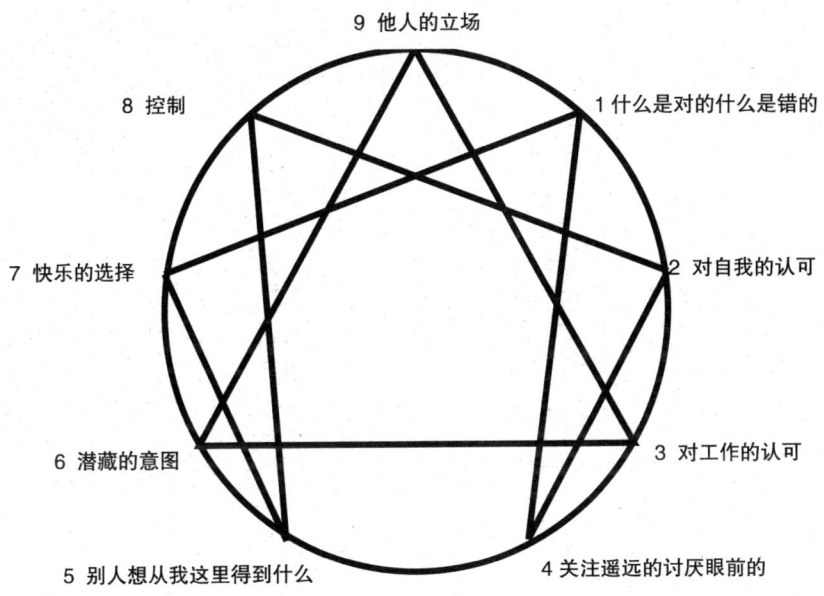

图4:注意力的焦点